U0304424

松下幸之助の生き方

活 着

松下幸之助的生命志向

［日］
佐藤悌二郎
|
著

郑义林
|
译

机械工业出版社
China Machine Press

图书在版编目（CIP）数据

活着：松下幸之助的生命志向 /（日）佐藤悌二郎著；郑义林译 . —北京：机械工业出版社，2022.8

ISBN 978-7-111-71356-2

I.①活… II.①佐… ②郑… III.①松下幸之助（1894-1989）- 人生哲学 IV.①K833. 135.38

中国版本图书馆 CIP 数据核字（2022）第 141934 号

北京市版权局著作权合同登记　图字：01-2022-2148 号。

活着：松下幸之助的生命志向

出版发行：机械工业出版社（北京市西城区百万庄大街 22 号　邮政编码：100037）

责任编辑：张　楠

责任校对：史静怡　　王　延

印　　刷：北京铭成印刷有限公司

版　　次：2022 年 11 月第 1 版第 1 次印刷

开　　本：147mm×210mm　1/32

印　　张：8.5

书　　号：ISBN 978-7-111-71356-2

定　　价：59.00 元

客服电话：（010）88361066　68326294

CONTENTS 目 录

总　序　　FOREWORD

儒家思想、日本商道与松下幸之助

在中国，历史悠久的企业被称为"百年老店"或"老字号"。根据日经 BP 在 2020 年的调查，全球百年企业有 80 066 家，其中 33 076 家是日本企业，占全球百年企业的 41%。也就是说，日本是世界上拥有百年企业最多的国家。全球拥有 200 年以上历史的企业有 2051 家，其中 1340 家是日本企业。[⊖]

为什么日本有这么多长寿企业？因为很多历史悠久的日本企业都有自己的"家训"和"家规"，被后继者传承和遵守。

⊖ 雨宫健人．世界の長寿企業ランキング、創業 100 年、200 年の企業数で日本が 1 位［EB/OL］．（2020-03-18）［2022-06-06］．https://consult.nikkeibp.co.jp/shunenjigyo-labo/survey_data/I1-03/.

日本伊藤忠商事株式会社是为数不多的综合性贸易公司之一，继承了近江商人的经营理念，其核心是三方好（买方好，卖方好，社会好）。也就是说，企业不能只关注自己的利润，还要回应客户和相关方的期待，从而为社会做出贡献。

大丸松坂屋百货的"家训"是"先义后利"，茂木家族[⊖]的"家训"是"家人需以和为贵，切记德为本、财为末"。它们绝不做无义无德的生意。在它们看来，利润不是目的，而是企业为社会做出贡献后获得的回报。由此可见，这些百年企业的"家训"深受儒家思想的影响。

儒家思想大约在公元 5 世纪传入日本，公元 6 世纪佛教也传入日本。儒家思想被僧侣和贵族作为教养来学习，在 16 ～ 17 世纪被武士阶层作为统治思想付诸实践。

⊖ 茂木家族，拥有日本著名的酱油品牌"龟甲万"。

18 世纪初，一位名叫石田梅岩[⊖]的町人思想家，深受儒家和佛教思想的影响，开始倡导石门心学，他的弟子更是在日本各地开设心学讲舍，向平民百姓传播儒家的道德观。在明治维新前的 100 年里，日本各地共开设了 173 所心学讲舍。

大约在同一时期，大阪商人在船场[⊜]成立了一所专门面向大阪商人的学堂——怀德堂，是商人学习儒家思想的场所。

像心学讲舍和怀德堂这样对平民百姓和商人传播儒家思想的场所，对大阪商人群体的经商之道产生了巨大影响。18 ～ 19 世纪，儒家思想作为一种普遍的道德观念渗透到日本的平民阶层。

1904 年，松下幸之助在小学四年级中途辍学，

⊖　在日本近代化的历程中，町人阶级（城市商人）迅速发展。石田梅岩是日本江户时代的町人思想家，创立了石门心学。该学说的着眼点是处于士农工商中身份最低的商人，主张商人存在的必要性和商业赢利的正当性，也强调了商人应该"正直赢利"和"俭约齐家"。

⊜　船场，日本地名。

到 1910 年为止的这 6 年，他在船场度过了多愁善感的少年时代。就是在这个时期，他亲身体会到以船场为代表的经商之道——关西商法。

关西商法的根本是"天道经营"，也就是顺应天道，正确经营。正确经营的思考方法有三种：奉公（遵纪守法，报效国家）、分限（安守本分，不做超越自己能力的事情）、体面（坚守信用，获得信赖）。正确经营的行为准则有三条：始末（以终为始，确定目标，定期结算）、才觉（求创意，差异化经营）、算用（做好成本管理）。这些思想在松下电器的纲领[⊖]、信条[⊜]、七精神[⊜]及组织、制度中被运用，传承至今。

日本的大实业家涩泽荣一出生于 1840 年，被称为"日本现代经济之父"。他一生参与了 500 多家公

⊖ 纲领：贯彻产业人之本分，努力改善和提高社会生活水平，以期为世界文化的发展做贡献。
⊜ 信条：进步与发展若非得益于各位职工的和睦协作，殊难实现。诸位应以至诚为旨，团结一致，致力于公司的工作。
⊜ 七精神：产业报国之精神、光明正大之精神、团结一致之精神、奋发向上之精神、礼貌谦让之精神、改革发展之精神和服务奉献之精神。

司的创建，包括引进欧美的合资公司制度和现代工业。涩泽荣一倡导道德与经济合一，他的著作《论语与算盘》在 100 多年后的今天仍然被众多商业领袖广为阅读。

受儒家和佛教思想的影响，诞生于江户时代的关西商法，通过涩泽荣一、松下幸之助和稻盛和夫等商业领袖的思考、实践与传承，今天仍然是日本企业长寿经营的思想支柱。中国的企业家们已经关注到这一现象。我们期待松下幸之助经营哲学书系能够给大家提供有益借鉴。

木元哲

松下电器（中国）有限公司前总裁

零牌顾问国际导师

中国广州

2022 年 6 月

跨越时代的经营者

结缘松下幸之助

三年前，由于一次偶然的机会，我学习了松下电器创始人松下幸之助的经营哲学，被他跨越时代的经营智慧深深震撼。从那时起，我开始关注松下幸之助和松下电器，仔细研读了20世纪末期引进的松下幸之助的《经营管理全集》后，我深深感慨：这是一位被低估的"经营之神"啊！于是，我暗暗下定决心，要努力成为松下先生在中国的研究者和思想传播者，由此确定了我的研究方向——松下幸之助的经营哲学。

大概是半年前的一天，机械工业出版社的刘刚老师找到了我，在电话里，他既兴奋又十分好奇地问我"为何会选择研究松下幸之助呢"，我如实回答。后来，我才知道编辑们正在开展一个新的管理思想系列图书的策划和引进工作，他们也选中了松下幸之助。

我和刘刚老师一拍即合，很快就完成了研究著作《攀登者：松下幸之助的经营哲学》，并交由机械工业出版社出版。新书一经面市，就得到了市场的积极反馈，我身边的很多企业家朋友买来送给员工和客户。在受新冠肺炎疫情持续影响的不确定的环境下，攀登者精神和松下先生的经营思想与人生哲学，足以慰藉人们焦虑和困惑的心灵。

这次从日本的 PHP[⊖]研究所引进松下先生的研究著作，刘刚老师又找到我，希望我参与到引进和翻译的工作中。我很快答应，并从书单中选了《活着：

⊖ Peace and Happiness through Prosperity，意为"通过繁荣实现和平与幸福"。

松下幸之助的生命志向》，这无疑是一本分析松下幸
之助的人生观和生命理想的书。我认为要想透彻理
解松下先生的经营哲学，首先必须从底层逻辑深入
理解他的人生观和生命志向。

跨越时代的思想家

本书的名字让我想到了古希腊神话中的悲剧英
雄西西弗斯的故事。西西弗斯因触犯众神被要求将
一块巨石推上山顶，但每次还未到达山顶，石头便
会因为自身的重量滚下来，于是他就只能不断重复、
永无止境地做这件事，众神认为这世上最严厉的惩
罚莫过于此。

西西弗斯没有向命运屈服，他爬上山顶所要进行
的斗争本身就足以使一个人的内心感到充实。面对
令人绝望的境遇，他没有放弃希望，法国作家加缪
得出的结论是：人一定要想象西西弗斯的快乐，因为
向着高处挣扎前进本身足以填满一个人的心灵。西
西弗斯无所谓哪种生活才有意义，对他来说，活着，

本身就是意义，追寻信念的过程本身就充满意义。

松下先生是一位与命运进行抗争的勇者。他家道中落，小学四年级辍学，9岁便一个人离家到大阪当学徒谋生。松下幸之助家里有十口人：双亲、七个兄姐及其本人。在他10～20岁的这些年，家人接二连三地因肺结核去世，那时肺结核在日本是不治之症。他后来也被诊断具有肺结核的初期症状，不难想象，面对几乎每年都有家人离世的现实，松下幸之助是何等的绝望和无助，但他最后选择向死而生，勇敢地与命运进行抗争。幸运的是，最后他活了下来，创建了一家存活至今的世界级企业。

在松下先生70余年的创业经营生涯中，接连遭遇了难以预料且不可避免的各种危机，其中有三次是关乎企业生死存亡的重大危机，包括全球金融危机、战争以及日本国内的经济崩溃。每一次危机，如同垂直攀登过程中遇到的暴风雨或是雪崩，突如其来。通过一次次成功地摆脱危机，松下幸之助对企业经营有了更深刻的思考，他从一位企业家逐渐转变为思想家、哲学家。

实现人类繁荣幸福的生命志向

纵观松下幸之助的一生，他每一天都在进行对人的思索和考察。他提出"以人为贵""社会大义""经营者的使命"等观点，并于1946年创办了以"通过繁荣实现和平与幸福"为理念的PHP研究所。

从创办至今，PHP研究所已走过了70余年的历程，出版过大量的杂志、书籍等出版物，总结和传播学者的智慧、思想和宝贵经验，探索自然的真理以及人类的本质，教育和启迪了一代又一代的年轻人。

2018年，松下电器迎来成立100周年。尽管创始人松下幸之助早已逝去，但他所创立的经营哲学始终影响和引领着这家企业。松下先生提出的"自来水哲学""堤坝式经营""玻璃式经营法""长期主义经营观"等影响世界的经营法则，在商业世界依然熠熠生辉。而松下先生所倡导的人生哲学和新人类观，更是让他获得"全球人民的启发者"的至高评价。

我将松下先生的离世比喻为"鲸落"。

何谓"鲸落"？一条鲸鱼死亡后，鲸鱼的尸体可以供养其他生物长达半年之久，之后鲸鱼尸体分解的不同阶段支持了海洋生物群落的演替，在海底会慢慢形成一个新的生态系统，可以滋养其他生物达数十年之久。每一条鲸鱼落下的地方，都呈现出生机勃勃的景象。这是鲸鱼留给大海最后的温柔，也被称为"一鲸落，万物生"。

松下先生的离世正是"鲸落"的经典演绎。虽然他离开我们已有 30 余年，但他依旧被人们尊崇，很多人都从他的超凡功绩中学到了经营和人生的智慧。虽然松下先生的肉体已经消亡了，但仍有很多人记得他，学习他的遗训。这些正是松下先生精神依然活着的明证。

松下先生所创办的松下电器，至今已走过百年历程，在历经风风雨雨后，实现蜕变重生，至今依然在为实现人类的幸福而努力。松下先生所留下的哲学思想，会继续影响我们数十年甚至数百年。这正是松下先生留给世间最后的温柔、最美好的拥抱。

让我们一起向这位跨越时代的经营者、思想家、哲学家致敬！

郑义林

作家、学者

华董汇创始人、秘书长

华董书院经营塾领教

中国深圳

2022 年 5 月

前　言　PREFACE

追溯松下幸之助的人生，让我重新认识到，学习并思考他的每段经历，得到启迪后，将它用于今后的生活和工作，这是一件非常正确的事。正如已故的山本七平所说，松下幸之助在认真读到笛卡尔说的"如今是一个充满很多书的社会"后，切实从中学到很多东西。松下幸之助就是这样一个人。

松下幸之助强调阅读"现实"这本书的重要性。1946 年，松下幸之助创立了 PHP 研究所，当他开始和年轻的研究员们讨论理念和方案以实现 PHP时，他说一定要"向古今中外的名人们学习"，同时进行研究。

有一个研究员询问松下幸之助："要想从古今中外集思广益，就要读万卷书。那么就算时间再多也是不够用的。这要怎么办呢？"

对此，松下幸之助说道："即便不读万卷书，真理就体现在日常的一切现象之中。真理及原理原则存在于万卷书中，这无可厚非。一般情况下都是先去读书，然后去研究，但有时即便不那样，也能很好地说明问题。这就是阅读'现实'这本书。"实际上，当你完全观察到所有的现象后，自然而然就会坚持学习的态度。

例如，松下幸之助曾经说过，通过大阪船场的"丁稚奉公"⊖还有电线工时代等的经历，自己了解了社会的复杂、艰难和人心的奥妙，由此认识到商业的根本。他还说："如果成长中没有以上的经验，我是不会了解社会还有人情世故的。即便做了生意，可能也不会知道用人的技巧。"

⊖ 日本的一种雇用制度。——译者注

1983 年，在一场演讲的答疑环节，有人问松下幸之助："我知道您是一个很谦虚的人，那么怎样才能保持一种谦虚的态度呢？"他回答道："不管什么时候都要集思广益。有十个人就向十个人请教，有一百个人就向一百个人请教，有一亿个人就向一亿个人请教。所有人，包括这个房间、电灯、灯光，都可以是我们的老师。不管怎么看，所有人都比我伟大，我并不是最好的那个。我就是抱着这种想法走到今天的。"

1984 年 11 月 27 日，松下幸之助已达 90 岁高龄。他说："到了 27 日这一天，一切要从头开始。我要到中学学习一次。然后就去高中，再去大学。"在 1985 年年初，他说："创立 PHP 大学后，我要成为第一批学生，还是要学习。"松下幸之助的一生，可以说是"活到老，学到老"，他一生都在坚持学习、思考，并不断成长。

本书主要记录了松下幸之助从开始创业到去世的

这段时间里，他在人生、经营方面的 77 个故事，以及他从中学到的和思考的东西。我衷心希望各位读者，能够通过了解松下幸之助的生活方式和思维方式等，进而回顾自己的生活方式，以便掌握更好地生活的方法。

佐藤悌二郎

2015 年 11 月

第 1 章

初露锋芒，进入商界

如果惧怕危险就做不成本应做的事。不妨先将自身的安全置之度外，勇于面对危险，只有这样才能开辟出道路。这就是我们常说的"不入虎穴焉得虎子"。

——松下幸之助

企业是国家的寄存物品：
因税金而苦恼

　　自那以来，我一直都在让税收透明化，可以说在将近 50 年里，我一直都是公开经营。不管是相关的公司，还是税收方面都不用顾虑。本来企业就是国家寄存在我们这里的一件物品，我们只需要欣然接受即可，一直以来我都是这样做的。

　　其实，企业都是国家的寄存物品，并不属于我们。如果把它当成是我个人的、我们的，又或者是股东的，这种想法本身就存在问题。如果站在"企业是国家的寄存物品"的角度来考虑问题，就一定会很轻松。我一直就是这么想才走到今天的。

1918 年，在大阪市北区西野田大开町[⊖]，松下幸之助创立了松下电器，如今已过去一百多年了。

当时，到了核定税收时，税务局的官员会到附近的寺庙出差，而小公司就需要前往他们出差的地方申报。当时松下电器只是个小工厂，松下幸之助每年都要到寺庙去申报。当然，每次他都会如实申报："今年的营业额是这么多，就赚了这么点。"由于松下电器的营业额和利润显著增长，所以税务局每次都会留意并进行调查。

接受调查后发现，由于看法上的不同，松下电器的利润甚至比申报时还要多，因此需要官员再一次来工厂进行详细调查。

"这下了严重了，他们会怎么做"，松下幸之助这样想着，担心得夜不能寐。就这样他郁郁寡欢，甚至两个晚上没睡。然后，他突然冒出了一个想法："等等，自己的所得，其实并不是自己的钱。"

他想的是这样的："形式上我赚的钱是工作所得，但这本来就属于国家。国家来取国家的钱，我还因此很

　　⊖　现位于大阪市福岛区大开。

苦恼，我真是太蠢了。"于是，他终于清醒过来，如释重负。

之后，税务局又来调查，松下幸之助说"请你们需要多少就取走多少"，对方说"其实也不至于那样"，于是调查很轻松地就结束了。

这次经历可以说为松下幸之助的经营理念奠定了基础，让他认识到要从国家的角度看待问题，即"企业是社会的公器，是国家的寄存物品"。

在那之前他只意识到对于自己、员工和客户的责任，但之后已扩展到国家、社会等公家概念。

不入虎穴焉得虎子：
开发、销售自行车灯

如果惧怕危险就做不成本应做的事。不妨先将自身的安全置之度外，勇于面对危险，只有这样才能开辟出道路。这就是我们常说的"不入虎穴焉得虎子"。

不得不说，这样做的结果是非常成功的。我很开心，自行车灯最后被全国人民广泛使用。

正是因为这样的经历，我才切身体会到"不入虎穴焉得虎子"这句老话果真不假。另外，当决定某件大事时，我都会再次感受到这句话带给我的勇气。其实带给我勇气的事情有很多，而这便是其中一件。

1922 年的秋天，距松下电器成立已过将近 5 年，也就是在这一年松下幸之助决定开发自行车的电池灯。当时的自行车基本上都是用蜡烛或是石油灯照明。虽然也有电池灯，但大概只能用 3 个小时，还有很多故障，缺乏实用性。因此，松下幸之助决定对其进行改良，他想创造一种可以长时间使用的电池灯。

松下幸之助大约用了半年时间，做了几十个试验品，终于在 1923 年 3 月成功开发出了节能电池灯，其照明时间可以达到 30 ～ 40 个小时，相比之前的时间持续更久，为之前的十多倍。

松下幸之助说："这款自行车灯可以说是一项划时代的产品。我希望客户可以尽早使用这款自行车灯，也希望客户能够满意。"

于是松下幸之助兴奋地去找很多批发商。但是，由于目前客户对于电池灯的评价不尽如人意，所以没有批发商愿意批发这款灯。穷途末路之时，松下幸之助认为，首要任务是让别人先试着使用这款灯，并让别人知道它真正的价值。于是，他想到一个办法：把电池灯放在各个店铺，并不收取费用，以此来进行照明实验。但问题是，如果只是把电池灯给店铺使用并不收费，那么就不知道店铺会不会向松下幸之助订购电池灯。而且不向店铺收费，就会导致松下电器破产，松下幸之助的事业无法继续下去。这可以说是一场危险的赌注。

这时，松下幸之助想到的是"不入虎穴焉得虎子"，因此他敢于挑战这个风险。他赌上公司破产的可能，决定免费分发电池灯。最后，各店铺都知道这种新型的电池灯可以用几十个小时，于是纷纷订购电池灯。两三个月后，这款电池灯的销量便有 2000 多个。

松下幸之助说，正是因为开发并销售了这款电池灯，所以才奠定了松下电器的基础。虽然做好生意一般要回避风险，但有时有些风险不回避更好。

商人之魂应是如此：
与山本商店进行交易

　　我一直都是个生意人，不知道什么时候会经历失败。每当这时，我就会问自己："我会偷偷瞒着我的爱人，把家当都给债主抵债吗？"同时也有个声音告诉我："要是我，可能做不到那一步。"每次想到这里，我就会对一个伟大的男人佩服得五体投地，他就是山本武信。

　　我当时从山本武信那里受益良多。就如同他本人所说的那样，他之所以成功，是因为他正大光明地做任何事情。

　　反观我自己，在接下来的事业中，我也会遇到很多困难。但我必须得像山本武信那样，将自己的品性磨炼得更加正直，并且拥有一定的责任感。

1923 年，松下幸之助开发了炮弹型电池式自行车灯。他这次下定决心对产品进行实物宣传和发售，然后取得了一定成效，在那之后销售额也一直顺利地提高。此时，松下幸之助和大阪的山本商店谈好，和它签下了代理店的合同，把松下电器在大阪的销售业务全权交给它。

山本商店原本的业务属于制造、出口和零售业。此外，它在大阪很有信誉，其规模远超当时的松下电器。山本商店的老板山本武信比松下幸之助年长五六岁，自 10 岁左右，他就为船场的化妆品批发商服务，可以说他是凭借自己一点点的努力才成为大阪的名商的。通过和山本武信交易，松下幸之助在很多方面都受到他的启发。比如，在生意上要有一定的胆魄、强硬的态度和坚强的信念等，让松下幸之助学到了很多。

不过其中最让松下幸之助印象深刻的是，山本武信早期面临了第一次世界大战后的危机，他的事业因此碰壁，他还向银行借了一笔巨款。

山本武信在向银行还款的几天前，手里没有任何钱。

为了不让公司破产，他把他的个人财产全部给了借给他钱的人。不光是个人财产，他甚至把妻子的戒指都拿了出去。这一点让银行大为震惊，于是银行对他说："首先，你在银行的借款我们是一定要收回的，但是你妻子的戒指就不用了，毕竟那是她的个人财产，请你拿回去吧。"没想到感到不好意思的反而是银行，不仅如此，银行还支持山本武信东山再起，再次爽快地把钱借给了他。

松下幸之助被山本武信这种正直的态度和责任感深深折服，无论是作为一个男人，还是作为一个商人都应如此，这在很大程度上引起了松下幸之助的共鸣。

在那之后，由于松下幸之助和山本武信在商业上的想法不一致，导致他们的合作最终仅持续3年便画上句号。松下幸之助还是把山本武信当作"教会他做生意的恩人"。松下幸之助说："如果没有和山本武信在生意上有合作，我也许不能这么早就拥有作为一个商人该有的觉悟。"

世人是有理智的：
当选区会议员

此刻我深刻体会到，不管是选民，还是世人，只要你拿出诚意和他们交谈，他们都会理解你。

这就好比有人说："松下幸之助作为候选人，虽然还欠点火候，但他没有随便地挨家挨户去拜访。即使拜访了，也是带着诚意去的，礼貌地把事情说清楚才回去的。"

因此，我深深感到，世人是有理智的。因此只要带着诚意，真诚地向对方说明即可。

1925 年年末，松下电器已经成立 7 年了，松下幸之
助受朋友们鼓舞，成为大阪协作区议会的议员的候选人。
本来松下幸之助以自己身体不好为由拒绝了，但是经不
住他们反复劝说，"你不用担心，我们之后也会帮你的"，
最后还是接受了。

　　当时的规定是要从 28 个候选人里选 20 个正式的议
员，可谓是竞争激烈。当时允许拉票，于是候选人就挨
家挨户地拜访让人们给自己投票。松下幸之助在一开始
让朋友们替自己去做这件事，但他后来看到朋友们斗志
昂扬的样子以及其他候选人积极的态度，他觉得自己不
能在那里傻站着。于是他开始自己前往一线，挨家挨户
拉票。

　　但是，其他候选人一般是反复去一家拜访，直到同
意投票给他。松下幸之助则与他们不同，他一家只去一
次。他是这样想的：28 个候选人每个人就算只去一次，
相应地，这名选民也要对接他们 28 次。候选人来了三四
次后，谁都会觉得烦。因此，松下幸之助每去一家，都
是诚心诚意的。他通过用心向对方阐述自己真实的想法，
来努力引起对方的共鸣。

他当时是这么说的："我虽然对区议会不是很了解，但是，我知道区议会议员是一项重要的工作，因此，如果我被选上，我就会竭尽全力做好。请大家务必关照。"

投票结果出来，松下幸之助以第二名的成绩当选，他和他的朋友们都对此心怀感激。同时，他也更加坚定了自己的信念：只要理智地、诚心诚意地向对方说明，人们就会认可自己。

这次选举让松下幸之助印象深刻，同时获益良多。松下幸之助的一生中只当了一次议员，之后便再也没当过。很多年后，他回忆道："我知道自己不是做议员的料。我还是想兢兢业业地工作，靠做生意养活自己。我把工作放在第一位。"

进退的重要性：
停止销售真空管

　　我觉得一件事还是要有个限度的。凡事讲究时机和限度，如果要做的一件事超越了限度，就算不上成功。同样要做的一件事如果错失时机，这件事也不算成功。我觉得人一定要懂得进退的重要性。

　　不管是一个公司，还是国家与个人，最重要的便是不要误解进退。若是利欲熏心或任由欲望生长，人们便会忘了甚至不懂得，到底什么才是真正的进退。

　　我认为，不该说的时候说，不该做的时候做，这不仅会伤害自身，还可能会危及他人。我觉得明白这个道理是一件很重要的事。

1925 年，松下电器已经成立 7 年了。当时的生意刚刚开始步入正轨，松下幸之助此时为寻求更多机会，一个月去一次东京，他主要是为了走访东京的各个批发商。当时松下电器在东京已设有办事处，关东地区的销量已逐渐稳定。

　　有一天，松下幸之助前往东京办事处，发现那里放着收音机的真空管。他问了东京办事处的负责人，负责人说："这种真空管在东京卖得比较慢，不如试着在大阪卖呢。"

　　松下幸之助觉得这是个好想法，于是让负责人马上去和制造真空管的工厂去谈。松下幸之助没有预付给工厂 1000 份的钱，而是拜托工厂尽量多生产，然后大力投放到大阪的市场。

　　在大阪，批发商非常喜欢这些真空管，并且订单不断。松下电器也在短时间内就获得了很大的利润。

　　但是，随着生产真空管的工厂开始增加，产品不断上市，其价格也在逐渐下跌。松下幸之助见状，决定不再销售真空管。

明明销售得很好，却突然停止销售，这着实让人惋惜。但如果一直那样下去，松下电器将很难获得利润。因此必须向前看并做出判断，而不是拘泥于现状。此外，松下电器的工作本身就是制造并销售电器工具。销售真空管本就是一时兴起，不能再奢求更多了。

　　就这样，松下电器把批发商的老客户都介绍给了工厂，就这样从真空管的销售业务中抽身了。四五个月之后，真空管的价格也随之下跌。很多真空管业务相关的工厂和商店都陷入窘境，但是早已抽身的松下电器却毫发未伤。

　　后来，松下幸之助回顾这件事时说道："人们常说，知进退很重要，凡事都有度，要量力而行。我此刻才知道，把握好度有多么重要。"

追求信誉：
与住友银行开始合作

做生意，信誉是很重要的。没有信誉便做不了生意。不管是一个商人还是一个企业家，获得对方信任都是不可忽视的。因此，不管发展到哪一步，都要追求信誉，这一点至关重要。

比如，当银行主动要邀请我与其合作时，我会希望对方先同意贷款，这其实也是一种信誉问题。如果对方认定松下电器将来会是一个有发展前景的公司，应该就会把信誉这件事落到实处。相反，若没有把信誉落到实处，那这种信誉就变成了纸上谈兵，也可以说失去了信誉的本质。

1925 年 9 月，松下电器附近新开了住友银行西野田分行，松下幸之助也因此屡次受到分行职员的邀请，对方希望可以和松下电器展开合作。

　　当时，松下电器的主要客户是十五银行，可以说不需要再和其他银行合作了。因此，每当受邀时，松下幸之助都会拒绝对方，但对方仍没有放弃要和松下电器合作的念头。半年、甚至一年过去了，对方还是会坚持来找松下幸之助。松下幸之助被对方的这份热情所感动，因此觉得可以试着合作。但是，松下幸之助提出一个条件：开始合作前，希望住友银行给松下电器无条件贷款 2 万日元。

　　这个银行职员对于这种史无前例的请求感到棘手，于是便说："那我去和我们分行的行长试着商量下。"结果，他过了四五天就给了松下幸之助回复："商量之后，还是希望您先和我们合作，然后再讨论贷款的事。"

　　于是，松下幸之助对银行职员说道："若是这样，我恐怕没办法接受。合作之前贷款和合作之后贷款没什么区别。我觉得，如果不能满足这个条件，是因为没有真正相信对方。所以，希望你们可以对松下电器进行一次彻底的调查，如果觉得没问题了，再给我们贷款。也希望你可以和你们分行的行长再好好谈下。如果情况允许，我们也可以见一面。"

几天之后，松下幸之助通过那个银行职员和分行的行长见面，他再次阐述了自己的想法。于是，行长在静静听完松下幸之助的话后，表示赞同。

行长说道："我已经了解了。但仅凭我一人没办法立刻答应你，我也需要和我们的总行商量下，待我们好好调查后，一定会按我们说好的做。"

松下幸之助认为，既然信任对方并进行合作，就要把信誉落到实处。最后如松下幸之助所想，谈判进展得很顺利。分行的行长在对松下电器进行调查后，也开始四处奔走，并答应为松下电器打破先例，无条件贷款 2 万日元。就这样，在 1927 年的 2 月，松下电器开始了和住友银行的合作。

基于坚定信仰的劝说：

发售角型灯

　　当我有求于人时，如果请求很难实现，那么便不好意思再麻烦别人。就算拜托了别人，自己没有表现出很重视，对方还是不愿意答应请求。但是，对方不同意，自己便会更为难，为难也无济于事。此时，该如何解决以上问题呢？

　　简单来说，就是要如何说，才能让对方理解自己。但是，这不仅仅是口头或者是表达上的问题。说服对方的方式最好建立在对对方有益的基础上。只有这样说服对方，才能感动对方，并获得对方的理解和共鸣。

1927 年 4 月，松下电器研发了自行车的角型灯——"National 牌"电灯。在推出角型灯时，松下幸之助想了一个宣传办法，即为商店免费提供一万个角型灯。

但是，要分发角型灯，就要在其中放入干电池。于是，松下幸之助就拜访了电池的供应商，东京的冈田干电池的董事长冈田悌藏。松下幸之助请求冈田悌藏，免费给自己提供一万节干电池。

松下幸之助提出的这个破天荒的请求，让冈田悌藏大跌眼镜。冈田悌藏并没有理睬松下幸之助，并回复他："你不觉得你有点不太礼貌吗？"

松下幸之助想：这种电灯是很好的产品，免费发放一万个电灯，会让更多人知道它。因此，一定要大力宣传，这样一来，干电池也自然会大量售出，这对于冈田悌藏来说，也是有益无害的。

于是松下幸之助对冈田悌藏说："我并没有想无缘无故白要你一万节干电池。当然是有条件的，现在是 4月，我会在今年卖掉 20 万个角型灯，搭配 20 万节干电池。当然不排除卖不到 20 万个的情况，那时我会支付那部分差额。"

其实，冈田悌藏一开始还半信半疑，但后来他终于被松下幸之助这种认真的态度所感动，他笑着回应松下幸之助："我自从商以来，还从未以这种形式谈判过。不过你说的我都了解了。希望你好好做。"

就这样，松下电器开始免费发放角型灯的样品。发到 1000 个左右时，开始不断地接到订单。最后，截至当年年末，使用的冈田干电池数量已达到 47 万节，可以说是当时约定的数量的两倍以上。

于是便有了 1928 年 1 月 2 日的一幕：一向不怎么拜访客户的冈田悌藏，特意前往大阪去看松下幸之助。而且这一次他穿的是一套和服，显得格外正式。

冈田悌藏不仅给松下幸之助写了感谢信，还对他极力赞赏，以表示对他的感激："说实话我真的没想到，在那么短的时间内，竟然卖出了 47 万多节干电池，这在日本的电池行业可是前所未有的业绩。"

宣传的意义：
首次在报纸刊登广告

正是因为自己付出很大努力才创造出这个产品，所以才想亲自把它交给顾客。如果能直接交给他们，我们就会说自己有多么用心，也会告诉对方"这是我们怎样创造出来的，应该如何使用"等。但我不会那么做。我会让零售商代我向顾客传达。如果向零售商说明情况，他们就会知道"原来松下幸之助是这么想的，那就让我们代为传达好了"。所谓的宣传就是要以这种想法为出发点。

但是，只有宣传策略往往会朝着意想不到的方向发展。也就是说，仅靠策略，已经算不上宣传了。因此，宣传就是牢记我刚刚说那番话的心情，换句话说，就需要用心投入工作。

1927 年，松下幸之助推出了新开发的"National
牌"电灯，当时他采取了一个大胆的宣传策略，将一万
个角型灯免费发放给各个商店，但除此之外，他还在报
纸上打了广告。

　　在当时，大企业还好说，中小企业在报纸上刊登广
告实属少见，而且松下电器只不过是一个个体经营的小
工厂。因此松下幸之助要刊登广告也是下了很大的决心
的，而且给当时的资金运转带来了很大的负担。但正因
如此，松下幸之助要让广告发挥成效，于是在宣传的文
案还有设计上下了很大功夫。

　　即使躺在床上，他还是在构思宣传的文案。他还将
写好的文案放在报纸上比量，从而看看字的粗细和大小
如何，字间距怎么样，字体可不可以，别人看的感觉如
何，等等。他每次看时，想法总是在不停改变，比如，
这个字是不是应该再粗点、这里的字间距是不是要稍微
大一点。

　　结果，他费尽心思，花了三天三夜的时间反复讨
论并修改，终于完成了宣传的文案，但只有三行——

National 牌电灯 / 买来放心 / 用来实惠。

这则广告，刊登在了 1927 年 4 月 9 日的报纸中缝。广告形状为长方形，白色的字配上了黑色的背景。这则报纸广告第一次让"National 牌"电灯被众人熟知。

松下幸之助一直坚信，经营者在广告宣传上一定要用心并且亲力亲为，不管公司成长到多大规模都要贯彻这一信念。

几年后，松下幸之助被问及公司的宣传现状时，回答道："经营者本身一定要投入广告宣传的工作当中。如果仅仅因广告代理商会为我们分担工作，就把工作全权交给广告代理商而自己不去做，这是绝对不行的。经营者自身要全身心投入。只有这样，公司才会通向成功。一直把宣传工作交给广告代理商是绝对不行的。"

加深需求的信念：

大量销售电熨斗

　　一直以来，每个人都想拥有提高生活质量的产品。因此，只要一个产品对人有帮助，而且人们买得起，人们就需要这个产品。

　　当然也有很多例外，但人们基本上都是如此。需求是无限的，所以我们要不断地开拓产品。

　　另外，当那些对生活有帮助的产品面世时，如果我们拥有同样的看法，那么它将成为一个强有力的工具来帮助人们积极地决策。

1927 年，松下幸之助开始研发电熨斗。在当时，电熨斗可以说是引领生活潮流的产品。但是由于它并不便宜，一般家庭基本买不起，所以当时全日本对于电熨斗的需求量一个月还不到一万个。因此，松下幸之助就想把这种便利的产品卖得更便宜，以便让一般家庭也能够广泛使用。

松下幸之助制订了一个方案：电熨斗的质量不能比现在的一流产品差，同时价格要比原价便宜 30% 以上。一番商讨之后，松下幸之助发现最大的问题是，即便在设计和制作的创意上下足了功夫，并生产出高质量的产品，但是如果一个月生产不出一万个电熨斗，就没有办法将价格降低 30% 以上。

虽然电熨斗一个月的需求量还不到一万个，但如果一个公司产量达标了，又能否卖出去呢？一般来看，这件事还是存在风险的，即便说异想天开也不为过。但是，松下幸之助又回头想想制造电熨斗的动机，于是得出了如下结论。

"现在，有很多人虽然也想用电熨斗，但是都因它的价格望而却步。如果将电熨斗的价格降下来，肯定会有很多人买。这样一来，虽然一个月卖掉一万个电熨斗看起来很难实现，但如果按照那个方案，其实卖掉一万个也绰绰有余。"因此，松下幸之助决定先把电熨斗的价格降下来，让大家都可以买得起。

松下幸之助在这种信念下，开始生产电熨斗——一个用铁板包住加热器的新型产品，将其命名为"超级电熨斗"。相比于售价为 4 ～ 5 日元的老款电熨斗，新款电熨斗的售价只有 3.2 日元。

果然，由于电熨斗大幅降价，性能也十分优秀，大家对它爱不释手。电熨斗比想象中的还要受欢迎。

松下幸之助成功研发了"超级电熨斗"，追求人们生活水平的提高。他认为，只要创造出廉价的、具有优秀性能的全新产品，就一定会大卖。

承认过错：
和朋友合伙经营失败

　　人不是神，有时也会犯错，也会失败。这也是没办法的事。重要的是，如何去应对过错或失败。虽然犯了错，但有时可能不会亲口承认，或者佯装不知，甚至还会放任不管。我们必须要正确对待它。

　　重要的是，犯了错就大方承认，看看自己为什么犯错，立刻改正。当然，有时要做到这点并非易事。敢于实践，收获的并不只有失败，还有能让自己取得进步的经验教训。

〰〰

自 1918 年成立以来，松下电器一路顺利，规模不断扩大。但是在 1927 年，松下幸之助想将新的业务拓展到电热器领域，于是他创立了电热器部门。电热器部门的成立之初，除了松下幸之助，还有和他同在大开町的朋友。这个朋友同时也是一位米店的老板，他和松下幸之助合资成立了电热器部门。由于松下幸之助还要关注总部和工厂，因此就把电热器部门的经营权交给了那个朋友。

　　但是，即便松下电器的爆款"超级电熨斗"问世，电热器部门的结算还是持续出现赤字问题，最后迎来的是经营的瓶颈期。

　　究竟为什么进展得不顺利？是计划和方针太过鲁莽？还是执行方式不合理？松下幸之助从各个角度考虑之后得出了一个结论：自己在制订计划和方针之后，便全权交由朋友管理，也就是说自己并没有全身心投入电热器部门的工作。虽然朋友代为管理，但在电热器方面他毕竟是外行，而且还要兼顾他的米店。因此，实际上两个人都没有全身心地投入电热器部门的经营工作上。就是这样半吊子的态度才导致了现在的瓶颈期。

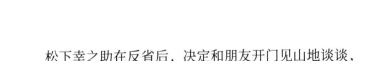

　　松下幸之助在反省后，决定和朋友开门见山地谈谈，以便从根本上重振电热器部门。

　　松下幸之助说："是我错了。把电热器部门的经营权交给你这个外行，实际上是我对电热器部门不够重视。我本来就应该对这个新成立的部门尽心尽力。今后我要认真对待，所以能不能请你在这个时候退出？"

　　结果，由于那个朋友还想在松下电器工作，就辞去了自家米店的工作，以员工的身份再次入职松下电器。

　　电热器部门一改往日松下幸之助与朋友共同经营的模式，之后便步入正轨，还一直向前发展，除了经营电熨斗，还进军了炉子、被炉等领域。

领悟指导精神的重要性：
制定纲领和信条

　　若要用 10 个人或者 15 个人，经营者需要有威严或者信任感。

　　当然，一个公司在规模还不是很大的阶段，经营者要全身心投入在生意上，还要忙一些需要拼命做的事。经营者要有一种理念并行动起来，才会更加强大。比如，这么做不能让员工认真做事，这么做我自己会轻松，等等。

　　也就是说，一个经营者，一个做生意的人，要成为自己的精神支柱，将精神传达给大家，并将其文字化，形成纲领。

1927 年，由于金融危机，经济领域并不景气，但即便如此，松下电器还是发展得很稳定，甚至在 1928 年员工还增加到 300 名。由于松下幸之助不断拓展自己的事业，在 1928 年的 11 月时，又开始建设新的工厂（第二工厂）。

　　同时，松下幸之助对于事业也想了很多："我努力到今天，一直坚持着'一定要重视合作伙伴、一定要不断学习'的想法。但是，仅仅是这样就够了吗？事业到底是为何而存在的？"

　　之后，松下幸之助便想："松下电器是社会赠予的产物，一定要完成'诚信经营'的使命，为此，松下电器需要有一种指导精神。"

　　1929 年 4 月，新的工厂即将建成。松下幸之助制定了纲领和信条，用来简洁表达松下电器的经营理念。

　　纲领：要考虑到盈利和社会正义之间的关系，要谋求国家产业的发展，要改善和提高人们的生活水平。

　　信条：进步与发展若非得益于各位职工的和睦协作，

殊难实现；诸位应舍弃自我，有一种互相谦让的精神，团结一致，致力于公司的工作。

当时，松下电器虽然扩大了公司规模，但只不过是一个个体经营的小工厂。这里需要特别强调的是，松下电器的基本方针一直致力于推动社会的发展，并没有把事业单纯当成一种盈利的手段。

松下幸之助说："在确立这种指导精神之后，我也变得非常强大，言行也发生了变化。员工的工作也变得更加利索，公司发展得非常顺利。"

1946 年，松下幸之助又对纲领和信条进行了修订。

纲领：贯彻产业人之本分，努力改善和提高社会生活水平，以期为世界文化的发展做贡献。

信条：进步与发展若非得益于各位职工的和睦协作，殊难实现；诸位应以至诚为旨，团结一致，致力于公司的工作。

有的是办法：
摆脱不景气

每个公司都希望一帆风顺，稳定发展。但如果总是顺风顺水，员工们不知不觉就进入舒适圈。在我看来，不管有多少困难，只要不惧困难并迎难而上，最后就能克服。公司只有不断经历这些，才能保证长久发展。

员工也会常常因此受到锻炼。因此，若公司一直稳定发展，那么最后可能会破产。我认为，公司在发展过程中产生的各种问题，都能让我们的意志更加坚定，并让我们去克服问题，不断积累经验。这在我们漫长的人生中是极其重要的。

1929 年 5 月，松下电器新的工厂（第二工厂）完工。松下电器不断发展，关于这一点，业界有目共睹。

就在这时，浜口雄幸内阁于 1929 年 7 月实行了紧缩性货币政策，使得经济萎靡不振，每况愈下。再加上这一年发生了世界经济危机，日本经济遭受了双重打击，陷入混乱之中。日本有大量的公司破产，工厂倒闭，员工的减薪和解雇在此时已是司空见惯。整个社会变得越来越不安。

松下电器也不例外。这可以说是松下电器自成立以来第一次陷入这样的窘境，产品的销量大幅减少，甚至不及往日的一半，库存也因此增多。到了 12 月，松下电器的仓库已经堆满了产品，没有地方再放置产品了。

恰巧那个时候，松下幸之助也卧病在床。这时有两个干部级别的员工来探望松下幸之助，他们向松下幸之助建议"要想渡过这次危机，只能裁一半员工"。松下幸之助听完之后，觉得在某种程度上来说，这确实是个很好的选择。同时，他又开始思考，这是否真的是正确的选择。

松下电器必须不断发展壮大，如今要将好不容易招来的员工辞掉，就相当于动摇了自身的经营信念。

于是，松下幸之助做了以下指示："工厂改为工作半天，同时也将生产计划减半。但是，不解雇任何一个员工，还照常给他们全薪。但是相应地，员工在双休日也要工作，把库存产品全力卖出去。"

当天，松下幸之助召集员工，告诉他们这个决定之后，大家欢呼雀跃，发誓要团结一致，将产品卖出去。之后，所有员工没日没夜地将堆积如山的产品努力卖出去，结果仅在两个月之内就将堆积的产品清空了。工厂也出现了前所未有的盛况，即便工作的半天内一直生产也会供不应求。

松下幸之助说："通过这次经历，我的员工得到了锻炼。另外，我作为一个公司的经营者，获得了很宝贵的经验，事情总会有解决的办法。在经历这些之后，人们就会变得更强大。"

就是不景气才要花钱：

首次购买私家车

1929 年，由于日本经济非常不景气，政府削减了官员的薪资。也就是在那时，我买了私家车。当时在大阪，我是第 59 个买私家车的人。

政府当时出台了"紧缩令"，官员以身作则，决定不乘车。但这样一来，整个市场就更低迷了。我仔细想了想，认为这个时候，手里有钱的人必须花钱才行，所以我买了私家车。

在我看来，让没有钱的人不惜借钱也要花钱，这行不通。所以重要的是让有钱的人花钱。这样适当刺激消费，产品的生产活动也会增加，经济也会恢复，失业者也会逐渐减少。

1929 年，浜口雄幸内阁坚决实行紧缩性货币政策，并解除黄金输出禁令，因此经济变得不景气，社会发展越来越停滞不前。政府采取紧缩政策，民间各公司和团体也纷纷效仿政府，进行紧缩式的经营。因此，人们的消费水平持续下降，失业者不断增加，经济不振的情况也越发严重。

就在这时，一位汽车销售员找到了松下幸之助，并对他说："这个时候，我们的汽车完全卖不出去。但是您即使在这样不景气的情况下，事业还能发展得这么好。我真的希望您能够帮一下我们，买一辆汽车。"

当时，松下幸之助还没有一辆汽车。实际上，当时有车的公司在大阪数都数得过来，松下幸之助做梦也没想到自己会买一辆汽车。而且当时的人们有一种倾向，他们认为花钱是一种反社会的行为。

但是，松下幸之助突然想到，要想促进经济增长，必须要同时提高生产和消费。而如今需要做的是提高消费。因此，消费也是为了社会。现在，虽然有人提出让我买汽车，但这其实也是大家的请求。因此，松下幸之助当时就决定买一辆汽车。

与此同时，也有人告诉松下幸之助："我一直想安置个新家，但现在经济这么不景气，有点害怕，最后还是放弃了。"但松下幸之助劝告对方："这绝对不行。正是这个时候，你们这些有钱人才应该买房。这样一来，不仅会让更多人有工作，而且你住在新家，也有好心情工作，岂不是一举两得。别犹豫了，快安置新家吧。"

每次经历这些，松下幸之助都有一个坚定的信念：每个人通过适时消费产生刺激，可以促进企业生产运作，并消除经济的不景气。这样一来，经济会发展，也会带来社会的繁荣。

振奋大家的士气：

迎来第一批货物

不管是多么聪慧的人，若是一直郁郁寡欢，便想不出什么好点子；心情低落，主意也不会找上门。相反，不管是多么平凡的人，若始终保持开心快乐，便会出乎意料地做到文思泉涌。

人与人之间并无伟大与不伟大之分，大家都是平等的。重要的是他们内心的状态。内心一直积极，并充满快乐，这虽然看起来平平无奇，但蕴含着生意发展的宝贵秘诀。

真希望我一年里都像第一次送货那一天那么踏实和快乐。同时，我也希望自己牢记，我要一直以积极的心态面对问题，并通过努力工作为社会鞠躬尽瘁。

1927 年，由于受到金融危机的影响，日本的经济一直萎靡不振，每况愈下。

此时，松下幸之助认为，无论如何也要让市场恢复活力。于是，他突然想起小时候的一件事。当时，他在自行车店里做学徒，1 月 2 日那天他参加了给附近的店送货的初荷活动⊖，于是对方作为回礼给了手巾还有点心。此时，若想恢复经济，不如尝试一下初荷活动。

1930 年 1 月，松下幸之助在名古屋的分店第一次尝试初荷活动，由于广受好评，松下幸之助决定在全国范围内实行。之后，这一活动作为公司每年的固定活动。

有些人凌晨四点就开始上班，他们从远处赶来，前一天就在出发地住下。大家一起将货物堆在卡车上，在装车的过程中，大家的士气都很高涨。每个人看上去都很开心，他们把写有商品名称的幕布和小旗固定在卡车上，乘着卡车热热闹闹地出发。就这样，初荷活动结束了。

⊖ 在日本，商人会在每年的 1 月 2 日开始新的一年的第一次送货，那天会举行隆重的活动，这个活动被叫作"初荷"。——译者注

由于当时初荷活动已经很少见了，因此街上的行人看到后，对初荷活动感到惊讶。在行人的注视下，松下电器的员工到达了客户门店。他们卸下货物，在客户门店前大声宣读问候卡，之后便以三三七拍子的拍手方式表示活动结束。就这样，松下电器的员工声势浩荡地前往各个客户门店，深受大家的欢迎和喜爱。客户称他们"会带来好运"。

松下幸之助说："果然在生意上也得创新。举行某个活动让客户对此满意，而且大家一起完成一件事，便会团结一致、充满活力，能带来好的成绩。"

但是由于第二次世界大战爆发，这个活动在 1941 年被迫中断。虽然 1948 年恢复了初荷活动，但是由于交通问题，最终在 1964 年取消了这个活动。

不要墨守成规：
决定制造收音机

　　我们身边的很多常识，有时比想象中的还要根深蒂固。在我们的日常生活中，有很多时候就片面地认为"啊，就因为这样，所以不行"。

　　但是，在我们工作时，应该跳出那种固定的思维，同时要重视自己的想法，并将它们投入实际的应用。我认为，只有培养这种意识，才能做到真正的创新。

〰〰〰

1930 年 8 月，松下电器首次销售收音机。当时，由于收音机才刚刚普及，因此普遍存在不少故障。松下幸之助也经常因为听不到自己想听的节目愤愤不平。松下幸之助从这件事想到，生产一款没有故障的收音机才是社会的诉求。

松下电器在那时还不具备生产收音机的专业知识和技术，所以和一家技术值得信赖的收音机厂商合作，成立了一家子公司，开始卖收音机。但出乎意料的是，结果不尽如人意，收音机故障频出，顾客不断要求退货。

究其原因，收音机一直以来只在专卖店出售，收音机出现故障后，基本都能在专卖店修好并被返还给顾客。但是，当时松下电器的销售渠道多为一般的电器商店，像真空管松动等小问题电器商店无法处理，一般不作处理直接给顾客退货。

于是，松下幸之助请求厂商，希望对方能够生产出没有故障的收音机，以便在那些没有多少专业知识和技术的电器商店能轻松卖出。但是，厂商的负责人却说："想要生产完全没有故障的收音机是不可能的。收音机的构造非常复杂，还是在专卖店卖吧。"

对此，松下幸之助陷入沉思："必须要摒弃'收音机本身就有故障'的固有观念才行。连手表那么小、那么复杂的机器，都能够正确运转。收音机构造这么简单，我一定能造出没有故障的收音机。只要我和每个员工这么想，就一定可以生产出理想的收音机。"

于是，松下幸之助决定亲自主持收音机的研发工作。他命令研发部门一定要生产出没有故障的收音机。经过负责人三个多月的努力，终于研发出"三球式收音机"。之后，松下用"三球式收音机"的样品，参加了东京中央电视台[⊖]的收音机比赛，获得了特等奖，于是将其命名为"当选号"正式出售。

　　⊖　现为日本广播协会（NHK）。

确定有合理利润的价格：
销售收音机

　　说到底，做生意必须要获得利润。若做着没有利润的生意，公司也会走向衰落。这一点毋庸置疑。在我看来，重要的是思考要获取多少利润才是正确的。也就是说，要确定合适的价格。

　　确定价格的标准，在各个国家的各个行业中都是不同的。另外，我认为，即便在同一家公司，不同员工对待事物的看法也有所不同。但是，必须要寻求一个适当的价格。换句话说，经营者需要用自己的经验来确定合理的价格。在我看来，经营者必须要抱有这种想法或信念。

1931 年 10 月，松下电器希望生产出没有故障的收音机，因此研发、生产出了"当选号"收音机，之后便开始销售。

松下幸之助找来了代理店的负责人，并公开了新型的收音机。在发布了库存和价格后，各个代理店的负责人都持反对态度。他们对松下幸之助说："这个价格不行。松下电器现在在收音机行业还没有被大家认可，如果不将收音机降价为其他公司产品价格的 90% 以开拓市场，那么销量很难提高。但是很明显，松下电器现在的收音机价格要比其他公司高很多。"

松下幸之助听完之后，觉得他们说得有一定道理。但是，松下幸之助一直坚信，价格定得太高或太低，都会偏离生意之道，如此一来就不能对行业的发展甚至是社会做出重要的贡献。

于是，松下幸之助说道："如今，市场上的收音机价格是绝对不合理的。这两三年由于日本的经济不景气，各个厂商竞相低价甩卖。我深刻感到，生产者的使命就是要满足需求者，为他们生产出没有故障的收音机，所以我才开始研发之路。虽然我想完善设备，将生产合理化，生产出更便宜、质量更好的收音机，但也需要一定的资金。我思考许久，不管各位愿意与否，松下电器如果没有累积合理的利润，获得一定的资金，是无法实现自身的使命，生产出理想的收音机的。各位听了我的话，还认为我可以低价甩卖吗？因此，希望各位同意以这个价格出售。"

代理店的负责人被松下幸之助真心的请求打动后，便同意答应他努力生产。之后，便开始出售"当选号"收音机，由于稳定的产能、完美的品质管理还有强大的出售合作模式等，松下电器在进军收音机行业的第四年，便跃升为业内第一。

CHAPTER 2

第 2 章

脱颖而出，任重道远

人们若只是漫无目的地度过每一天，那么难免会觉得太过无趣，甚至没有什么生活的动力。其实自己做一件事也是实现某个目标的一个过程。在这个过程中，若存在某种任务或使命，那么你便会感到所做之事是有意义的，同时也会产生一种动力，让你能够充实地度过每一天。

——松下幸之助

使命感具有一种强大的力量：

明确生意人的使命感

人们若只是漫无目的地度过每一天，那么难免会觉得太过无趣，甚至没有什么生活的动力。其实自己做一件事也是实现某个目标的一个过程。在这个过程中，若存在某种任务或使命，那么你便会感到所做之事是有意义的，同时也会产生一种动力，让你能够充实地度过每一天。

因此，生活充实的关键在于如何把握自己的目的或使命。实际上，很少有人能够清楚地掌握自己真正的使命和目的。因此，先找到自己的使命，甚至是一生的使命，对于人们来说是极为重要的。

1932 年 3 月，松下电器的业务已拓展至多个领域，如线路设备、电炉、电灯、收音机等领域，同时松下电器也发展成大企业，其产品总数可达 200 余种。松下幸之助实在无法推脱客户的再三邀请，于是他参观了某个寺院。

　　当他到达寺院后，发现那里建造了一排排雄伟壮观的建筑，大多数信徒抱着虔诚之心默默来这里参拜。一尘不染的学校及图书馆等设施都让松下幸之助瞠目结舌。此外，不管是在教祖殿的建筑工地，还是在处理建材的加工厂，都能看见那些义务劳动的信徒们在忙碌地工作。他们一丝不苟，并充满喜悦地工作着。这种氛围与平常城市里的工厂大相径庭，不禁让人有一种肃穆之感。

　　当亲眼见到此景时，松下幸之助深受感动，但同时心中也产生了一个疑问：我们生意人如此努力工作，但如今依旧处于破产或接近破产的境地，但寺院却与企业相反，总是呈现出繁荣兴隆的景象。为什么两者会有如此大的差异呢？

　　松下幸之助不管是在回家的电车上，还是在回家之后，甚至到了深夜也在一直思考这个问题。最后，他总结如下："宗教在大多数情况下会给人们一种拯救众人的安定感。企业之所以和它不同，是因为我们一直以来都是为了自己做生意。宗教是一项神圣的事业，它引导烦恼的人们，让他们放心。回过头来，我们也经营着一项神圣的事业，因为我们生产出来的物资对于维持和提高人类生活水平是必不可少的。人们常说'四百四十病，贫穷最为苦'，要想消除贫困，企业员工就要吃苦耐劳、不断生产，这样才能为人们提供丰富的物资。以上便是我们宝贵的使命。"

松下幸之助准确找到了自己的使命。他在对此心怀感激和感到喜悦的同时，也下定决心要继续把经营做强，以实现使命。

倡导真正的使命：
举行第一届创业纪念仪式

1932 年，我突然想到，我们到目前为止拼命做的事也许还算不错，但实际上我们绝不能止步于此。我认为，作为一个更为优秀的生产者，要承担相应的使命，因此我发布了松下电器的使命。公司就是因为这个真正的使命，才发展到今天的。

松下电器一路走来，绝非一帆风顺，但生产者的使命感支撑着我们面对各种困难险阻。在使命感的带领下我们不畏苦难，不懈努力，松下电器才得以走到今天。

松下幸之助由于前往寺院去参观学习，意识到生意人的使命感。他想将这种理念传递给员工，同时为实现真正的使命而不断前进。松下幸之助在1932年5月5日，将公司内168名员工召集到大阪的中央电器俱乐部，说道："生意人的使命就是要克服贫穷，帮助整个社会免于贫困，并提高人们的生活水平。因此，我们必须不断生产物资。自来水经过加工之后就会变得更有价值。但是，人们即便喝了公共场所的自来水，也不会被人指责。这是因为自来水产量增加的同时，价格也会下降。我们作为生产者的使命就在于此。希望我们能够将所有的物资变得低廉，并让它们取之不尽用之不竭，就如同自来水一般。"

　　松下幸之助发布了一个伟大的构想，要花250年来实现这个真正的使命。具体来说，将250年分成10个区间，并将第一个区间的25年划分为三期。松下幸之助将第一期的10年打造成建设期，将第二期的10年打造成活动期，即在不断建设的同时也要工作，最后将第三期的5年打造成向社会贡献期，即在不断建设和工作的同时也要为社会做贡献。在250年的这10个区间里，

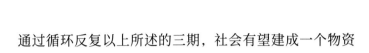

通过循环反复以上所述的三期，社会有望建成一个物资充足的乐土。

1932 年 5 月 5 日，松下电器正式进入建设期。同时松下幸之助也将这一天作为创业纪念日，将这一年作为"命知元年"，告诉大家要牢记使命。这一天，他说："我们的使命任重而道远。我们的公司即日就树立了远大的理想，担起了崇高的使命。"

松下幸之助的这一番话充满自信又坚定有力，听众无不为之动容。话音刚落，大家便纷纷跑到台上，决心要为实现自己的使命鞠躬尽瘁。松下幸之助对于大家的这份热忱目瞪口呆，同时也有一种难以言表的感激。

之后，松下幸之助回忆道："从那一刻起，我能很明显地感觉到每个员工的士气大振，而我的信念也日益变得坚不可摧。"每个员工能够感受到使命带来的喜悦。他们积极工作，让松下电器的发展更上一层楼。

坚持共存共荣：
无偿公开收音机专利

　　发自肺腑地说，我自从商以来拼搏到现在，必须要考虑的有两点，一是松下电器的发达，二是行业的发达。不管行业内和其他经济圈的发展如何，若只考虑松下电器一枝独秀，那么到最后是得不到大家的认可的。要经常这么想，并以共存共荣的结果为核心，方可应对一切。

　　在我看来，松下电器只有为了整个行业的发达而工作才能生存下去，否则还有什么生存的意义呢？

1925 年，随着日本开始播放广播，收音机走进每家每户，松下电器在 1931 年也开始了收音机业务，终于在 1932 年得以大批量生产和销售。

当年，有一位号称"专利狂魔"的发明家拥有收音机真空管的专利权。由于收音机内置高周波电路，需要使用多个真空管，因此所有收音机制造商都必须使用这项专利，极大影响了各个制造商生产高性能的收音机，甚至有几个制造商之间发生了矛盾。此事也明显影响了行业内的发展。

松下幸之助担心事态恶化，认为这种情况对于整个行业和社会来说都不容乐观。于是松下幸之助决定拜访这位发明家，并向他请求，"希望您能把专利卖给我"，但他没有答应。

松下幸之助虽然对他傲慢的态度感到生气，但还是耐心地和他反复交涉，最后用 25 000 日元买下了专利。这笔钱对于当时的松下电器来说，可谓是一笔巨款。

在买下专利的第二天，松下幸之助就在报纸上宣布，把专利无偿公开，以便同行可以随便使用。

松下幸之助这样做的原因，主要是出于他的信念：收音机的普及有利于文化的提升，如果这种有益的技术不能为人所用，那么日本文化的发展，或是行业的发展都无从说起。专利应为大家所用，应该为行业的发展所用。

世人在出乎意料的同时交口称赞，松下电器不过是一个小厂商，却将重金购买的专利无偿公开。业内的报刊称之为"业内有史以来一次本垒打"。松下幸之助对收音机行业的发展做出了巨大贡献，甚至收到了来自其他行业的感谢信和奖牌。

变换思维：
将总公司和工厂转移到门真地区

我 55 年的经营经验，还有在学习技术时的体验中得到的想法，被人们称作"松下哲学"。其实这不过是实践的产物。我并未在脑中反复思考，进行有体系的调整。

我的想法都是我所有体验中的灵感。这种灵感暂且不论优劣，但可以让人们自由地思考。结果并不会太差。

在思考中，我可以找到今后要处理某事的合理办法。于是，不管别人怎么说，总有一种力量让我向着我希望的方向前进。这种灵感会不断对我有所帮助。

1932 年，松下幸之助领悟到作为生意人的真正使命，将这一年作为命知元年。松下电器进入新的发展阶段，自此订单不断。由于大开町的订单供不应求，因此需要正式新建一个更大的工厂。

　　松下幸之助在大阪市内到处寻找空地，但都没有心仪的地方。他最后决定在大阪市东北部的郊外，把河内郡的门真地区作为新的场地。这个区域地处田园地带，盛产莲藕。松下幸之助购买了这片要出售的土地，并把它作为员工培训的地方。

　　但在大阪，门真地区无疑是一个让大家避之不及的地方。这是当时大家普遍的看法，大家对这个地方的看法都十分不好，甚至还有人建议松下幸之助，"还是不要特意去这样一个方位不好的地方"。

　　松下幸之助也开始犹豫："大家说得确实没错。这太难办了。但只是因为大家说门真地区这个地方不好，公司就不在这里扎根，也太可惜了。就算考虑到今后的发展，我也想在门真地区扎根，完善生产体制。但一想到这个地方的位置不好，还是会有点犹豫。"

考虑再三之后，松下幸之助突然灵光一现："东北的方位不好，那日本从西南向东北延伸，不管走到哪，不还是一样？如果在意这件事，恐怕所有日本国民都要离开日本。选址不必这么狭隘，先不用在意这些。"

　　就这样，松下幸之助决定将业务拓展至门真地区。1933 年 7 月，松下电器在这个总面积 7 万平方米的地方新建了总公司和工厂，并将事业的中心转移到这里。自此，松下电器把门真地区作为据点，发展为世界级企业。

一旦被委任便会设法创新：
实施事业部制

我现在自信地说，松下电器之所以有今天，是因为松下电器会用人，也可以说，是因为松下电器让每个人发挥了自己的才能。

不管是规模不大时，还是之后发展到有很多员工时，松下电器都尽力让每个人设法创新，并一直以此为中心工作才走到了今天。经营者不能认为仅仅通过命令、指示等，员工就能进行工作。

"善于用人并让其为自己工作，让对方设法创新"，这种传统会永远流传下去。

〰〰〰〰

1933 年，门真地区新建的总公司和工厂即将竣工，松下幸之助进行机构改革，实施事业部制。

此项制度将几个工厂分为三个事业部，其中将收音机工厂作为第一事业部，将电灯和干电池工厂作为第二事业部，将线路设备、合成树脂、电炉业务纳入第三事业部，从产品的开发到生产、销售、收支管理，将各个事业部作为一条龙独立结算的商家。然后，松下幸之助选择各个领域适合的人选，并将其任命为对应事业部部长，将与经营相关的所有工作都交由其管理。

当时，美国的通用汽车公司及杜邦公司早已引进事业部制，但在日本尚无先例，可以说这是划时代的一项制度。

松下幸之助引进事业部制有以下原因。

在公司规模还不大时，仅由松下幸之助一人领导问题还不大，但随着事业的拓展，工作内容也随之增加，有很多问题都需要松下幸之助处理，产业的种类也变得多样化，松下幸之助很难洞穿所有事。

而且，松下幸之助的身体不是很好，生病后只能休息。即便他手下的员工想要他帮忙做出判断，松下幸之助也无能为力，这导致事情难以顺利推进，效率低下。

基于以上原因，松下幸之助决定引入事业部制，最后，在委任经营事业部后，每个事业部部长都充满斗志，能充分发挥自身能力和创意。员工看到事业部部长用心投入工作，自己工作更认真，因此松下幸之助认为引入事业部制是松下电器进一步发展的强大动力。

松下幸之助后来说道："人们一旦被赋予责任和工作，便会试图激发自己的潜能并执行。因此，领导者需要统领全局。在制定基本方针后，明确各员工责任和权限并让他们放心去做，才能发挥每个人的能力，取得工作上的成就。"

保持紧张，划清界限：

召开早会和晚会

最近，我听说各个政府机关还有公司也在召开早会。松下电器召开早会不是模仿别人，其实松下电器从 8 年前到现在一直召开早会。说到这点，在很多人看来，松下电器还是有先见之明的。

在开始工作之前，各个部门的员工聚集到一个地方举行仪式，大家铆足干劲，互相问候对方，然后以一个全新的、饱满的状态投入到工作当中。这对于集体性的工作来说是很有必要的，同时也是很有效的，不能单纯地把它当成一种形式。当员工用心朗读松下精神（"纲领信条""松下电器应遵循的精神"）或是聆听每个人的感想时，虽然每天早会的内容是一样的，但是每天都会获得新的感想和发现。

1932 年 5 月的第一次创业纪念仪式之后，在松下电器，不管是哪个业务部门都有一些打了鸡血一样的员工，将他们独创又高效的工作方式分享给公司的每个人。1933 年 5 月，松下幸之助决定实施事业部制，同时，他将各个业务的各岗位员工聚集到一起，在开始工作时召开早会，在结束工作时召开晚会。

　　召开早会和晚会，不仅能让大家牢记各自的使命，还能每天进行反省。同时，在早会和晚会上，大家可以共享自己的信息，并向同事传达每天的所想。松下幸之助也会和员工们一起，对他们讲述工作的心得以及日常的一些思考。

　　松下幸之助说："老实说，我不是很擅长在这种场合讲话。说话这件事我并不拿手，我也不太喜欢说话。"有一次早会上，他甚至对大家坦白："我虽然每天早上都会和你们讲话，但要把这件事一直做下去，对于我来说十分痛苦，因为我很难每天找到合适的话题。"的确如松下幸之助所说，这件事对他来说绝非易事。

　　但是，他认识到，这恰巧是对自己的一种锻炼，同时他作为一个管理者，希望可以把自己的想法传达给员工。

　　于是，在 1934 年的元旦，他将一句话作为新年礼物送给每位员工。这句话是："如果能找到一个方法让公司很好地运转，那么找到这个方法和拥有一笔财富的难度差不多。"

　　松下幸之助对员工说："只是老实做好自己的工作还不够。重要的是，要意识到每一份工作都是一种经营，要带着一种经营意识去工作。所以，我希望大家在做好每一份工作的时候，能够不断地反省，我做的这件事是不是成功的，这件事我是不是做得不够好，同时我也希望大家能够掌握经营的秘诀。"

　　实际上，召开早会和晚会有利于统一公司内部的意见，能够让大家的行动一致。松下幸之助说："开始工作时召开早会，主要是让大家可以有一个认真的状态，绷紧自己的神经工作。公司里还是要有一个仪式告诉大家该去做什么，这样，大家在接下来的一天中才能井然有序地工作。上了班，就统一穿着工作服开早会；下了班，开完晚会就穿上自己的衣服。我觉得将工作与生活划清界限，区分开来，未尝不是一件好事。"

无论什么时候都要用心：

提出"服务奉献之精神"

　　当初的我们涉世未深，在很多事情上还不是很成熟。我自己也感觉到，若没有一个目标，心中确实会没有底。于是，我在脑海中整理出一些重要的事，并总结出"七精神"。这样做的原因主要是我们还没什么经验，每天看到那几句话，也许就不会出什么大的差错。松下电器一路走到今天，也是由于把那几句话作为行事准则。

　　如果我们足够幸运，能进一步发展，那么我们会做得更好。但是，思维方式不会发生深层次的改变。因此我们不必改变"七精神"，因为它们就是我们当下的想法。

1932 年 5 月 5 日，松下幸之助举行第一次创业纪念仪式，阐明了生意人的真正使命。在那之后，松下电器整个公司的氛围也显著优化，员工们也因具有使命感而精神振奋，他们的勤劳工作让公司的发展一直很顺利。

但此时松下幸之助有一丝顾虑，他担心松下电器能否一直这么坚强地走下去。

人类在某种程度上并不靠谱。不管人们当初下了多大的决心，但经过时间的沉淀，这种决心很可能会淡化。松下幸之助担心的是松下电器的员工是否也会如此。人们对使命的正面情绪逐渐淡化，不知不觉中眼里只有完成工作而没有任何使命感。

松下幸之助担心大家安于现状，随波逐流。于是他觉得需要提出一些具体的指导精神，以此作为员工每天要遵守的规定，同时也是对自己的一种约束。在 1933 年，松下幸之助总结并发布了松下电器每个人需要遵从的"五精神"。它们分别是：

　㊀ 1937 年 8 月，松下幸之助又加入"改革发展之精神"和"服务奉献之精神"，并把"尽到礼节之精神"改为"礼貌谦让之精神"，由此变成"七精神"。

一、产业报国之精神

二、光明正大之精神

三、团结一致之精神

四、奋发向上之精神

五、尽到礼节之精神

1933 年 5 月，松下幸之助在公司开始召开早会，每天他都会带领员工们一起朗读这几条精神。他希望大家能够把这几条精神贯彻下去，能够把它们牢记于心，在工作的时候也能够通过这几条精神来鞭策自己。

之后的早会上，对于"松下电器每个人需要遵从的五精神"，松下幸之助解释道："这些精神就像我们的一日三餐。它们能够喂饱我们的身体，也是我们每天活力的源泉。这几种精神去掉一种，我们马上就会有一种饥饿感。我们早会时朗读它们，每次听到它们时都心怀感激。我深刻体会到，我们在共同进步。"

本小节开头的话，是 1969 年松下幸之助对松下电器的每个员工讲的内容。

培养优秀的人才：

成立店员培训机构

　　我之前就说过，"聪明的人既会振兴国家，也会毁灭国家"，其实这句话也同样适用于一个企业。虽然我非常想要这种人才，但是那些从大学或专业学校毕业的优秀人才，怎么会来我们这种微不足道的小工厂呢？

　　我们以只有小学学历且来到我们这里工作的人为对象，特意成立了一个学校，旨在教授他们中学水平的商业和工业课程。有很多从这所学校毕业的人后来做了（我们分公司的）老板。因为我们用的不是国家的钱，所以培养他们不需要在乎他人的评价，这未必是件坏事。直到现在我也觉得，把大学的经营类课程交给一个企业来传授也挺好的。

自 1922 年松下幸之助把工厂建在大开町时起，松下就一直梦想着建一所工厂学校，在松下电器这里既能生产产品，也能进行员工教育。

　　当时松下电器成立已有 4 年之久，员工也达到 50 人。随着公司规模的扩大，员工的人数也在不断增加。于是，松下幸之助越发认识到培养优秀人才的重要性。他说："不管是生产产品还是销售产品，最后都是人来执行的。因此，若人不能进步，那么也生产不出优质的产品，同时也不能将产品卖出去。"

　　于是，当 1933 年将总公司和工厂搬到门真地区时，松下幸之助决定借这个机会实现自己的梦想。建一所学校大概需要 15 万日元，这些钱对于当时的松下电器来说并不是一个小数目，但松下幸之助认为，"如果想让松下电器能够在未来真正发展起来，就不能舍不得这些钱"，于是他下定决心将学校建起来。

　　1934 年 4 月，松下幸之助终于在门真地区建了一所学校，这所学校以小学学历的人为主要对象，目的是在 3 年里让他们修完中学的商业和工业课程，并让他们拥

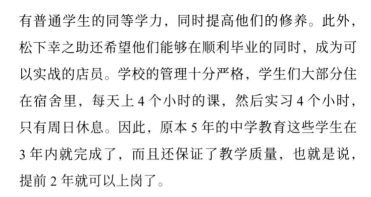

有普通学生的同等学力，同时提高他们的修养。此外，松下幸之助还希望他们能够在顺利毕业的同时，成为可以实战的店员。学校的管理十分严格，学生们大部分住在宿舍里，每天上 4 个小时的课，然后实习 4 个小时，只有周日休息。因此，原本 5 年的中学教育这些学生在 3 年内就完成了，而且还保证了教学质量，也就是说，提前 2 年就可以上岗了。

对此，松下幸之助说道："这段时间，大家的感知能力是最强的，也能很高效地理解经营的要点。早点上岗就能更快培养出实操性强的店员。"

第一批入学的学生有 47 人。教学团队主要有从松下电器的员工中选出的专职人员，还有来自大阪当地的大学、专业学校的外聘讲师。此外，松下幸之助本人也站到讲台上，进行一些特别的授课。

1935 年 12 月，松下幸之助将这所学校更名为"店员培训机构"。之后，由于太平洋战争爆发，无奈之下只能停办。但是，从那里毕业的学生们，都成了松下电器的干部，后来也成了引领松下电器发展的重要力量。

基于光明正大之精神：

改组成公司

1935 年，我把松下电器从个体经营变为公司组织。究其原因，我觉得将公司的经营状况公开是个正确的选择。

一开始，松下电器只有四五个员工，我把资金分为公司的资金和个人的资金。之后，我每个月都会对员工说"这个月赚了这么多"，于是大家都很开心。这件事一直持续到今天。

我要公开松下电器经营状况这种想法越发强烈，而且不应该只是向员工公开，更应该向社会公开。因此，我想将公司变成股份有限公司，然后将公司的业绩公之于众。用现在的话说，就是光明正大。这是我绞尽脑汁才想到的。

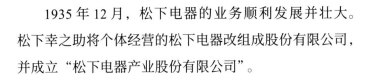

1935 年 12 月，松下电器的业务顺利发展并壮大。松下幸之助将个体经营的松下电器改组成股份有限公司，并成立"松下电器产业股份有限公司"。

但即便如此，松下幸之助一直相信，公司就是社会的恩赐，在此之前就将经营状况向整个社会公开。也就是说，他一直认为松下电器和股份有限公司一样，应把信息以具体的形式呈现出来。

松下幸之助作为刚刚成立的松下电器产业股份有限公司的老板，向员工们致辞并要求大家合力协作。

松下幸之助说："人们一般成立股份有限公司，往往是需要向他人寻求资金支持或是寻求人才。如今的松下电器已达到一定规模，人员也在不断增加。大多数人会觉得我们是大型生产机构。但此次公司改组的重要原因主要有两点。第一，我深感我们有义务在今后的日子里继续扩大松下电器这个生产机构。第二，将公司经营的实际情况公之于众符合松下电器光明正大之精神。"

此外，松下幸之助将之前的"事业部制"升级，采取了"分公司制度"，他按照不同的业务部门将公司分为九个分公司。当初引入事业部制主要是因为想授予员工权限并让他们能够自觉工作，而本次的分公司制度主要是让之前的方针更加明确。

松下幸之助之后说道："我认为采取分公司制度的一大优点，便是能够让员工自主责任的制度更加清晰。大家都能够意识到自己的责任，同时也能够发挥每个人的创意。也就是说每个人都不用顾虑太多，可以放心地、百分之百地发挥出自己的力量。"

就这样，松下幸之助确立了分公司制度，松下电器产业股份有限公司作为持股公司，从人事和财务两个方面管理分公司。同时，各个分公司要贯彻自主责任经营的立场来生产和销售产品。这个新的制度旨在让全公司的员工都能够合力协作以实现公司更好的发展。

为了戒骄：
传达"一个商人的观念"

　　虽然我个人很希望公司将来越做越大，但规模大也有它的问题。因此，公司不管规模多么大、社会地位有多高，我们都要注意千万不能骄傲自负。公司规模一旦变大，便会受到社会的追捧，同时更重要的是，我们要一直保持一颗谦逊的心。

　　为社会服务，简单来说，就是把别处的东西带到自己这里，然后把这些东西变成大家的利益。不管公司规模多大，每一个服务行业的生意人都要牢记这点。也就是说，不管什么时候，我们都要牢记，即使降低自己的身份，也要满足别人的要求。

1935 年，松下幸之助将个体经营的松下电器改组成松下电器产业股份有限公司，同时也优化了事业部制，变成分公司制度，按照不同的业务部门成立了九个分公司。当时的松下电器已发展为电器领域内优秀的厂商。

但是，松下幸之助担心随着公司规模的急剧扩大，公司在经营上会变得松懈，员工也会变得自傲，也就是他口中的"公司发展得好了，员工就容易松懈，甚至陷入自负，这其实是人之常情"。

因此，松下幸之助在改组公司之前，在 11 月就制定了 61 条"松下电器内部基本规定"，并将第 15 条规定作为松下电器未来新发展的要求。第 15 条规定如下：

无论未来松下电器的规模如何壮大，都不能忘记自己只是一名商人，必须自觉遵守员工或干部的本分，秉持诚实谦让的原则来处理业务。

松下幸之助提出，这对于松下电器里的每个人来说都很重要，尤其必须要严格要求自己。

此外，1936 年的春天，当修订代理店的合同时，松下幸之助给每个代理店都发了一本小册子，名为"松下电器的经营精神"，其中说道："我认为，公司规模壮大的同时，也会导致经营的散漫，在人们之间形成骄傲自满的不良风气。我认为，这一点是最需要大家去注意的。……另外，我深刻感受到，多亏了各位提携，松下电器终于不再是一家小店，而是拥有很多家分店。尤其是在公司的内部规定中，我加上了上面的条例，以此作为对我们的戒律。我们不管什么时候都不会忘记各个代理店对我们的恩情。"

松下幸之助多次强调了第 15 条规定，希望大家能够了解松下电器并引起大家的共鸣。

作为一个商人，绝对不能忘记做人要谦虚以及做生意的初衷是什么。之后，松下幸之助不仅将第 15 条规定作为自己的准则，也一直把它讲给员工听。

让顾问在身旁：

和加藤大观住在一起

　　加藤大师虽然不是一个生意人，但他能从佛法的角度告诉我，生意应该以何种方式存在。他说："我虽然对生意不了解，但我知道它是否符合某种情况。"我一直以来都从生意人的角度去理解他说的话，去想是不是这么一回事。

　　时至今日，加藤大师的每字每句我都记忆犹新。每当我决定一件事是对还是错时，我就会把加藤大师对我说的话付诸实践。我觉得不管是仁人志士，还是咨询顾问，甚至是我可以请教的前辈，我只要听这些人说话，就会思考自己一直以来的想法是不是适用于所有事情。

松下幸之助在拓展业务的过程中，也曾有过很多烦恼和迷茫。这时，他就会找一个人来寻求意见，这个人就是真言宗[⊖]的大师——加藤大观。

松下幸之助和加藤大师相识于 1925 年左右。当时加藤大师是松下电器的客户，并且担任松下电器的顾问。几年之后，松下幸之助偶尔去加藤大师的寺庙找他谈工作和生意。在 1937 年，加藤大师就对松下幸之助提出一个请求："我想辞去僧人一职，去您那里为您鞠躬尽瘁。"就这样，他就与松下幸之助住在了一起。

之后，松下幸之助经常询问加藤大师的意见。比如有一次，一些同行挑起了无理的价格竞争。松下幸之助最后忍无可忍，一气之下说："那就不如和他们竞争到底。"而这时加藤大师对此提出了异议，说道："一个公司就相当于一个军营，而你则是众多员工中的一员大将。如果大将一气之下亏本销售，这是不可原谅的。'人若犯我，我必犯人'固然勇猛，但也不过是'匹夫之勇'，并非'大将之勇'。"

⊖　日本佛教主要宗派之一。——译者注

松下幸之助说："您的话教会了我很多道理。听您说要有一个大将该有的心态，我之后要切记，做任何事都要看到全貌。"

但是，松下幸之助并不是所有事都要听从于加藤大师。松下幸之助说："相反，我其实做事都是反着来的，也正因这样，基本上很多事做得还不错。总之，基本上就是他对我说最好别这么做，但我认为对于公司来说还是做了更好。既然大师已经说了，我就会在做的同时多加注意。"

就这样，加藤大师做着松下幸之助的咨询顾问，每天早上都会诵读两个小时的经文，祈求松下幸之助的健康与松下电器的发展顺利，直到 1953 年 2 月去世，享年 84 岁。

为了能成为 500 年后的古建筑：
在西宫建造自己的房子

1937 年，我在西宫靠山的地方买了一块土地后盖了一间房子。当时人们盖房子都希望能持有 300 年，并且 300 年后房子没受到任何损害，只有满足这些条件才能让别人去设计。

究其原因，此时的日本建筑在今后的 300 年里可能会以各种形式存在，或供人欣赏，或被他人借鉴。或许 300 年后，这家房子的主人和松下家族的人没有任何关系，但我还是想盖一间房子，能够给那时的人们一定的借鉴。

1937 年春天，松下幸之助在兵库县的西宫买了一块土地，盖了一间属于自己的房子。这个地方北面靠山，南面临海，是个绝佳的住所。具体来说，北面可以看到六甲山脉和一座名叫甲山的小山，甲山与六甲山脉相连；南面从西宫的海岸可以看到大阪湾，从远处可以看到淡路岛。

　　松下幸之助在建造房子时，提出了自己的要求："希望过了 300 年后，这间 300 年前的房子能够对人们有借鉴价值。"在提完要求后，松下幸之助才让别人设计、开工。

　　当时的预算本来是 20 万日元，结果花了 60 万日元，可谓是之前预算的三倍。但是松下幸之助认为，要建造一个建筑，并能在将来对人们有借鉴价值，这其实对于有能力建造房子的人来说也是一种行为的规范。

　　建造这间房子大概花了两年半的时间，最后在 1939年秋季竣工。松下幸之助将这座豪宅命名为"光云庄"。宅子占地面积总共约 1000 平方米，是一间两层的木结构房，宅子的各个要素都很别致，不管是天花板、走廊，还是楣窗、灯。正如松下幸之助所愿，他终于建成了他自己口中的"充满灵魂的家"。

在那之后不久，小林一三[⊖]曾来过这座豪宅。小林一三来这里看了一圈之后，对松下幸之助说："这个宅子盖得很好啊。但你这个宅子这么大，之后可就不好办了。我早就体验过了，虽然我那个宅子的面积只有你这个的三分之一，但也很难维护。"

松下幸之助对此半信半疑。之后，松下幸之助在管理房子上确实花了很多钱，很多事情都要照顾到。他深刻认识到，家还是差不多大就行。

但即便如此，松下幸之助之后也说过："我盖这个宅子主要是为了 300 年后，让人们看看当时的日本建筑，虽然花了很多钱，但一想到这可以作为一个古建筑保留下去，这些钱就花得值。"

第二次世界大战前，松下幸之助夫妻二人主要住在光云庄。但在 1950 年，它成了松下电器的迎宾馆，现在已经移建到大阪府枚方市的松下电器研修设施区域。

___

　⊖　当时的阪急电铁会长。

员工就是自己的家人：
为已故员工修建慰灵塔

　　我前天去出差，一早回到大阪，然后就直接去公司了。走到公司附近时，正好是各个工厂的上班时间。由于有很多员工，大家在下雨天撑伞，因此整个道路显得特别热闹，好像整条街道都被人们填满一样。我见此景不禁深深感慨，其实路上的每个人都希望得到幸福，每个人都对未来抱有希望。也许是因为一早就去上班，我深深感到自己身上的责任重大。

　　对于现在的我来说，需要深刻思考的是，公司的每个人每天能否愉快地工作。我希望每个人每天都能快乐地工作。到那时，不管是公司的快速发展还是每个人的生活水平提升都指日可待。

以上这些话是松下幸之助在 1939 年的早会时对全体员工说的。自创业以来，松下幸之助一直希望全体员工能够开开心心地工作，为此他想了很多方法。在他看来，最根本的还是要有一颗真诚的心，他很感谢一起共事的员工，疼爱并重视他们，把他们当作自己的孩子。

　　比如，在 1938 年，松下幸之助就建了一座慰灵塔，为了祭奠那些已故员工的亡魂。

　　1926 年，松下幸之助受客户邀请去高野山参拜，当时松下幸之助就被其深深吸引。他想着有朝一日也要在此地为已故员工建一座慰灵塔。1936 年，他有机会和自己的老东家，也就是五代自行车店的老板㊀一起去高野山。当时，五代老板就建议松下幸之助买下这块墓地。当松下幸之助对五代老板说自己早有此意后，五代老板很是欢喜，于是亲自为松下幸之助在内院选了一块地方，并且离中之桥㊁比较近。

　　就这样，在 1938 年，松下幸之助为已故员工修建的

㊀　老板的名字是五代音吉。"五代"是姓氏。——译者注
㊁　中之桥，日本地名。——译者注

慰灵塔完工。9 月 21 日，在西禅院的住持兼首座的带领下，由高野山的 25 个寺庙的高僧举行首次法事，65 名已故员工家属以及 65 名公司代表，总计 130 人参加。

会上，松下幸之助诵读了祭文还有已故者的名单。他说："松下电器能有今天的成就全靠各位尽职尽力。但遗憾的是，他们看不见如今松下电器的繁荣景象了。"

诵读过程中，松下幸之助不禁大哭起来。三洋电器的前副经理后藤清一亲眼见证了这一幕，他谈道："也许是念到已故员工的名字时，他不禁想起了员工还健在的样子。过程中有几次泣不成声，我们在后边听着，不知不觉也跟着哭了起来。"

自那之后，松下幸之助每年都会选一天悼念已故的员工。在西禅院的正殿，为过去一年里去世的员工举行合祀和慰灵的法事。

让员工了解明文规定：

三个心得

　　松下电器有很多明文规定。其中有些规定可能会让人感到被束缚，但是，这些规定是大家工作的一个支柱。

　　没有任何规定就能顺利进行某项工作，这是大家都渴望的一种状态，但实际上没有规定很难做成一些事。因此，还是需要大家都能有所期待，严于律己，同时去追求自己的目标。只有这样，才能获得充实感，才可以取得好的成绩。

　　从这种意义上来说，要想一个组织或者一个公司能够一直做大做强，就需要将某个规则、规定或者制度用文字表达出来，然后让每个人不断地去理解，这是非常重要的。

〜〜〜〜〜

1937 年 7 月，日本侵华战争全面爆发，日本突然进入战时体制。由于此时需要优先发展军需产业，所以松下电器从 1938 年开始全力协助军队，生产军用物资。

此时的松下幸之助有一种危机感，他感觉在这样一个时代，大家很容易陷入一种错觉，如果不多加注意，便会歪曲经济或经营等概念。此外，战争也会让人们迷失原来的状态，进而导致企业经营变得散漫。

因此，松下幸之助在 1939 年 3 月，为了加强员工们的自觉性，发了三个通告，分别是"经营的心得""经济的心得""员工指导以及各自的心得"。

松下幸之助将对员工们的期望用文字表达出来，连同自己所想一起刊登在公司内部的报纸上。究其原因，不管说了多么好的话，话语都会如烟雾一样消散，听的人也会马上忘掉。因此，重要的话一定要反复说。此外，将说过的话变成文字也很重要，因为对方每次阅读这些文字，就和自己反复告诉对方一样。

"经营的心得"中是这样描述的：

一、不管是经营，还是做生意，这些都是公事，并非私事。要好好做生意并尽心尽力，这和向国家表示忠诚并无不同。因此要切记，做生意时，要带着集体的思维，不要掺杂自己的半点私心。

二、好的经营能给社会带来利益，而不好的经营则会损害社会。因此，要想经营好公司，就应该牢记，每个人都要为此鞠躬尽瘁。

三、要重视亲爱的客户，并铭记他们的恩情。时刻牢记为了繁荣发展，要鞠躬尽瘁，这是回报社会的第一步。

此外，松下幸之助在"经济的心得"中，要求员工培养一种经济观念，同时也提醒员工注意资金的运用等问题。另外，他还在"员工指导以及各自的心得"中，提到了指导手下时的基本态度。

即便处于巨大变动的形势中，这些心得还是能让员工们绷紧神经，同时也是每天工作的向导和松下电器发展的支柱。

一句话的开始：

举办第一次经营方针发布会

我在 1932 年找到了自己的使命："我们的生产工作并不是为了我们自己，而是为了满足世人在物质上的需要。因此，我们才要完成生产这一神圣的使命。"

我在感到找到使命的感激和喜悦的同时，下定决心必须要带着这份使命坚强地活下去。

在那之后，我按照我找到的真正使命提出相应的目标，所做之事也是为了实现那个目标。每年的 1 月 10日我都会举行本年的经营方针发布会，发布的内容一般为"今年按照哪个方针行事，生产和销售的数量定多少"等，只有这样员工们才能团结一心工作。

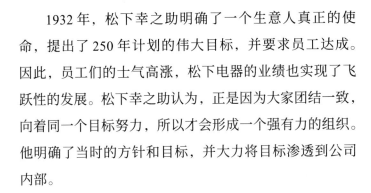

　　1932 年，松下幸之助明确了一个生意人真正的使命，提出了 250 年计划的伟大目标，并要求员工达成。因此，员工们的士气高涨，松下电器的业绩也实现了飞跃性的发展。松下幸之助认为，正是因为大家团结一致，向着同一个目标努力，所以才会形成一个强有力的组织。他明确了当时的方针和目标，并大力将目标渗透到公司内部。

　　自 1934 年开始，每年的 12 月松下幸之助都会举行座谈会，讲述这一年的经营情况以及第二年的计划。随着业务的发展，1940 年 1 月 5 日，松下幸之助首次举行经营方针发布会，明确了当年的方针。

　　另外在当时的战时体制下，松下电器不得不协助军队生产军用物资。因此他说："要想让国民的生活富足，就必须在与战争无关的产业上最大限度地扩大生产。虽然我们公司的生产部门与战争脱不了干系，但我们公司也担任着光荣的任务，负责当下的产业经济。请各位务必和我一起鞠躬尽瘁，一同回报国家，迎接新的一年。"

　　在那之后，每年年初，松下幸之助都会在经营方针发布会上明确公司的基本方针。各个部门和员工不断创新和努力，完成当年的目标和计划。

之后，松下幸之助还在经营方针发布会上不断提出新的目标，如实施 5 年计划和每周双休制，在工资上超过欧洲并接近美国水平等，并希望可以实现所有目标。

松下幸之助说道："一个经营者必须要起个头。换句话说，经营者要有一个想法，并把目标展现给大家。之后的具体内容可以交给相关部门或者员工去思考，但是一开始自己一定要提出想法，并说出这个想法如何付诸实施。"

由于 1952 年的 1 月 10 日正值初戎[○]，松下幸之助为图吉利，就将 1 月 10 日定为举行经营方针发布会的日子，并且每年都会举行。

○ 日本年初举行的活动。——译者注

为了守护员工的健康：

开办松下医院

对于人们来说，最重要的便是健康。世上有生下来就体质虚弱的人，也有身体强健的人。但我希望不管是谁，都能够关注自己的健康状况。

特别是在年轻的时候，只顾眼前的利益，无论如何也要达成某个目的，想要获得成功，而忽略了健康，这样一切都无从谈起。我看到很多人一直逞强，最后把自己的身体搞垮。

达成目的或获得成功固然重要，但比起它们更重要的是健康。做任何事都得健康，或者是保持一个好的状态。只有这样才能提高成功的概率。

松下幸之助是家里最小的孩子，他是第三个男孩子，但在其 20 余岁的时候，他的父母还有哥哥姐姐们都已经先后因病去世。他天生就体质虚弱，比任何人都清楚健康的重要性。

　　他总是能够关心员工的健康，比如他在 1933 年的早会上讲了以下这段话，以表示对员工健康问题的关心。

　　"身体已经出现了问题，感到炎热或是寒冷，其实也表明了大家对健康问题并不关心。不管是舒适的春秋季节，还是难耐的夏冬季节，都必须要调理好自己的身体，来保持一种稳定的健康状态。在学校里一直做运动的人，如果一直伏案写字，身体肯定会发生一些变化的。我认为我们每个人都应该经常锻炼身体，提高自己的抵抗力。"

　　于是，松下幸之助实施了具体对策。1937 年，松下幸之助成立了松下电器健康保险工会。1940 年，在大阪的守口市开办了松下医院，作为其主要业务部门的医疗机构。松下医院有两层，配有 13 个病房，设有内科、外科和理疗科等。松下幸之助还聘请了桥本德治郎先生为松下医院的第一任院长。桥本先生是松下幸之助在京都医科大学的附属医院住院时的主治医师。

当时是日本侵华战争时期，由于在原料和材料等方面受到限制，松下电器只能勉强维持生产。即便如此，松下幸之助还是始终贯彻他的理念，希望可以完善医疗机制，守护员工还有员工家属的健康。

之后，松下医院贯彻松下幸之助的理念，开始依次完善医院的功能和设备。1953 年，松下医院移交至松下电器健康保险工会运营。松下幸之助借此机会进行改装工程，并增设水泥建的住院部，最终在 1966 年竣工。在那之后又进行了扩建，1986 年 3 月，松下纪念医院竣工，以供员工和员工家属，还有当地人使用。

20 世纪 50 年代以后，松下幸之助基本都是在这家医院的一间病房里生活的，这种从病房出来就去上班的生活持续了 30 多年之久。1989 年，松下幸之助也是在松下纪念医院逝世的，享年 94 岁。

CHAPTER 3
第 3 章

豁然开朗，放眼世界

回顾松下电器的历史，在第二次世界大战之后的 5 年里，松下电器遭遇了各种问题。但即便在逆境中，大家还是全力以赴，克服困难才走到了今天。我们通过不断努力，才看到了今天的曙光。我们要把这段时间付出的辛苦当作收获我们的宝贵经验，在不久的将来，它们一定会成为我们快乐的回忆。

——松下幸之助

希望制造出高质量产品：
战时下的两个通告

　　信誉的重要性对于商人自不必说。尤其是对我们制造商来说，要想获得真正的信誉，不管是制造部门还是销售部门，都必须要在一切方面完全满足消费者的需求。此外还需要严格遵守一个前提：如果这个对大家没有帮助，那么就算这个产品设计再好，我们也不会生产和销售。究其原因，销售残次品获利会让公司信誉下降，带来巨大的损失，与此相比，其他的不值一提。这就是之前一直强调的制作优良产品总动员的宗旨，从今天开始我希望大家能够即刻执行。

以上这段话出自 1941 年松下幸之助发布的通告——培养信誉的秘诀。他强调了一个制造商的信誉的重要性，也告诉大家要想获得信誉，就要满足消费者的需求，并制造和销售对他们有益的优质产品。

"制作优良产品总动员"指的是在发布通告的 1940 年 8 月，公司内部举行的一个运动。由于此时日本正在进行侵华战争，材料和劳动力短缺，松下幸之助担心会有一些厂商为确保利润而降低品质。于是他就呼吁大家，明令禁止这种做法，相反，需要利用手头匮乏的资源生产优良产品。

随着军方统一管理的强化，产品制造的环境日趋恶化。此时，生产优良产品困难至极。但是，松下幸之助一直坚持着一个信念，绝不能降低产品的品质，因此他反复要求每个员工要将生产优良产品这一目标贯彻到底。

1942 年 10 月，松下幸之助发布了七条产品注意事项。他认为，如果需要使用替代品，或改变产品样式，但因此降低了产品自身的品质，这样的后果就会很严重。松下幸之助一直以来都要求大家小心谨慎并努力生产优良产品，他希望生产出的产品是建立在让消费者满意这一根本信念上，同时希望产品品质不受利润的影响。即便在材料或其他方面上有困难，也绝不为了节约材料生产出劣质的产品，而应该生产优质的产品。

　　松下幸之助一直坚持生产优质的产品，主要是因为他坚信，不管在任何情况下，能够生产并提供给消费者有用的产品并让他们满意，这才是一个制造者的使命。

　　之后的几年，松下幸之助回顾当时发布的通告，说道："我看到了大家为生产出高质量的产品付出的努力。即便在战争中，松下电器也生产出了还不错的产品。战后要将这种传统发扬下去，才能博得和今天一样的信誉。"

求胜心切导致失败：

成立松下造船有限公司、松下飞机有限公司

或许是年轻气盛，又或是满腔热血，每个人或多或少都会像打了鸡血一样，觉得自己一定能做出点什么。但如果有这种想法，就要特别小心了。大多数失败都是因为有这种想法。

当时，日本人为了国家连自己的生命都可以奉献出来，所以我主要是想着，只要是军队下达的命令就要执行，一定要从事飞机相关的工作。但事实上还有一小部分原因是我多少有些狂妄，认为这世上没有我不行。为此，我之后也吃了很多苦头。因此，我深刻体会到，过于狂妄自大将会导致人生走向失败。

1943 年 4 月，松下电器应军队请求制造木船，于是成立了松下造船有限公司。虽然当时没有什么经验，但是松下幸之助觉得战争时期，为国家做贡献是理所当然的，于是他成立了这家公司。

松下幸之助将造船厂建在大阪的堺市和秋田的能代市，用收音机工厂的工作流程造船。整个流程分为八个工程，工人们把船台放在通往大海的轨道上，每个工程结束都会向前输送，等到工程结束后船只下水，这在当时可以说是一个划时代的施工方法。1943 年 12 月，造船厂举行第一次下水仪式，之后每六天建造一艘船，直到战争结束已建成 56 艘船。

开始造船之后不久，松下幸之助又收到军队的请求，被要求制造木质飞机。松下幸之助这次果断拒绝，说道："船才刚刚造完，已经没有精力了。说实话，我没有信心再去造飞机了。"但是军队反驳道："我们决定了这件事只交给你，这是国家的命令，你不能拒绝。"既然是命令，也涉及声誉问题，松下幸之助无奈之下，也不好再拒绝。

1943 年 10 月，松下幸之助成立了松下飞机有限公司。他向银行借了三千万日元，昼夜不停地完善生产体制。当时虽然机器和材料并不齐全，但还是在 1945 年成功研发出第一架飞机。

刚制造完三架飞机后，日本就宣布投降了。由于政府不再提供支援，因此松下幸之助一分钱也没拿到，不仅欠了一大笔钱，而且因为制造船和飞机还被驻日盟军最高司令官总司令部指定要解除公司的相关职务，被怀疑是财阀家族等。在战后 5 年里，松下电器和松下幸之助各种受限，被迫吃了很多苦头。

之后，当松下幸之助被问到"从制造船和飞机这件事上得到了哪些教训"时，他回答道："能做的我都会尽力去做。拼命做，总会做成。但是，尽量不要这么做。该拒绝的时候还是要拒绝的。"

处于虚脱状态将一无所获：
战争结束时的决心

　　全力备战 3 年之久，最后却落得这样一个结果。这对于国民来说悲伤至极。但我们必须忍住痛苦，立刻重建家园，这才是国民的首要义务。而我们公司也基于原本的使命，迅速改造工厂，尽快加速家庭电器的生产，这才是我们的使命和责任。我们不能永远沉浸在悲痛之中，应该立刻行动起来，绝对不能一直处于虚脱的状态之中。

　　就这样，我鼓舞着公司的 15 000 多名员工，同时也鞭策着自己，积极投入生产工作当中。

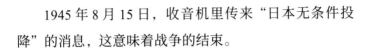
1945 年 8 月 15 日，收音机里传来"日本无条件投降"的消息，这意味着战争的结束。

每个人面对战败的事实都会有一种虚脱感。松下幸之助在呆滞片刻后，放弃了挣扎，既然发生了，也没办法。然后，他想的是，今后应该怎么做。

那个晚上，松下幸之助整夜未眠。他下定了决心："既然已经战败，悔恨也无济于事。不如今后好好发展原本的产业，重振日本的经济。"

第二天，松下幸之助将公司的骨干召集到一起，对他们说："松下电器如今走的是日本的重建与复兴之路。我们要全力生产人们生活的必需品。这才是我们的使命所在。"

8 月 20 日，松下幸之助发布了名为"致松下电器全体员工"的通告，鼓舞员工"我希望各位能够承担起'复兴生产的领路人'这一荣誉，并不断振兴传统的松下精神"。

就这样，松下幸之助没有让任何虚脱的状态困扰到自己。他坚信公司的重建即国家的重建，于是松下电器迅速地投入到生产的工作当中。

但是不久，驻日盟军最高司令官总司令部便下达了生产的禁令，要求战争中由军队管理的各个工厂（包括松下电器等）停止生产，还要求汇报材料的库存并禁止使用材料。

本来大家干劲满满地准备重建工作，但是突如其来的生产禁令又给了松下幸之助当头一棒，让他欲哭无泪。但即便如此，松下幸之助也没有失去生产的斗志，他立刻申请民用生产的许可，终于在他顽强的拼搏之下，1945 年 10 月，松下电器所有的工厂又得以恢复生产工作。

严格执行信赏必罚：

上交全部工资

　　世上不管是好的还是坏的，是不是都应该信赏必罚呢？若夸奖本应该被责备的人或是批评本应该被夸奖的人，这是不太对的。在我看来，人们既然在一起生活，信赏必罚是十分必要的。

　　要研究信赏必罚，可以单独成立这样一个学校——设立"信赏必罚大学"，然后专门教授"信赏必罚的学问"。从这个学校出来的人，可以让他在人事部门任职，并让他研究怎么奖惩员工比较合适。"信赏必罚"不做到这种程度不行呀！

1946 年 1 月，松下电器士气高涨，准备立即投入战后的重建工作。此时，松下幸之助认为，自己必须要在工作中以身作则。之前他因为身体不好，经常不到公司，或者是很晚才到公司，这一年他一改之前的作风，每天准时到公司。

　　但是，当他在 1 月 4 日上班时，他从西宫的家里出来，坐电车到了大阪后，发现并没有车来接他。他等了一会儿，时间一点点过去了。他决定不等了，继续去坐电车时，车终于来了。他虽然赶去公司，结果还是迟到了十分钟。

　　松下幸之助刚决定绝不迟到，就发生了这种事，他感到非常后悔，同时也觉得对不起那些团结一致努力工作的员工们。他事后问了司机怎么回事，司机说是他疏忽了。

　　松下幸之助认为这样绝对不行，司机不用说，加上司机的上司还有再高一级的上司，和这件事有关的七个人多少都要受到减薪的处罚。同时对这件事有最高责任的松下幸之助本人也要扣一个月的工资。之后，他就在早会上对员工说了这件事，并向他们道歉。

当时由于战败，整个社会处于混乱之中，秩序的混乱让每个人惶恐不安，每个人的责任意识自然很薄弱。在这样的情况下，松下幸之助还是因为迟到十分钟给包括自己在内的八个人给予减薪处罚，这样严格的处罚，也让每个员工又紧张了起来。

之后，松下幸之助也提醒自己时刻牢记该夸的时候就夸，该罚的时候就罚，也就是信赏必罚。几年之后，当被报社记者问及"有没有比较好的表扬和惩罚的办法"时，他回答道："应该批评的时候就要批评，如果此刻犹豫了，想着有没有更好的办法，就是在纵容对方。"此外，他还讲述了那件事："如果当时我就那么算了，松下电器能不能实现重建都是个未知数。"

劳资两者缺一不可：
出席工会组建大会

　　不管怎么说，要想经营好一个公司，劳动者与雇主必须是缺一不可的。我知道有很多人，不喜欢看到劳动者与雇主站在同一战线上，甚至不赞同这种做法，但我认为只有两者协作，才能产生认同感，进而提高公司的业绩。当然我实际上也是这么做的。

　　就拿一对夫妻来说，若是他们经常吵架，那么他们的家庭也不会和睦。虽然一提到工会就像是夫妻一样，很多人便会说那不过是黄色工会⊖罢了。但我认为并非如此，互相理解、合力协作，才是全体人类最崇高的责任和义务。

⊖　雇用者掌握实权的工会。

战后，由驻日盟军最高司令官总司令部发布了一项经济民主化政策，其中一项便是，只要组建工会，便会得到奖励。于是，在 1946 年 6 月，松下电器在大阪的中之岛的中央公会堂举行了工会组建大会。

　　当时松下幸之助不请自来，本想作为社长致辞，但是当时各地的工会展开了激烈的活动，经营者们似乎对于组建工会一事不大高兴。因此，松下幸之助的行为无疑是个例外。松下幸之助对于每个员工都很和善，把他们当成自己的家人，他觉得靠员工的努力组建了工会，这本该是件值得庆祝的事。

　　但是，本想讲一番话的松下幸之助，似乎并不被大家认可。主持人跟与会人员商量说"请大家稍等一下，我之后再和大家谈"，但是大家基本上说"别搞了""出去吧""不要听你的"等，场内瞬间一片哗然。最后，松下幸之助还是获得大部分工会成员的支持，终于可以登上讲台，于是有了下面这番讲话：

　　"我认为，组建工会会加快我们公司的民主式经营进程。因此，我希望每个人都能团结一致，以坚持真理为基础。我相信，正确的经营模式和优秀的工会一定是理念一致的。劳动者和雇用者只有站在同一条战线上，才会迈向重建日本之路。"会场里每个工会成员听完松下幸之助这番真诚的演讲后，都纷纷鼓掌。

当天晚上，一名作为来宾出席的日本社会党议员找到松下幸之助，并对他说："我几乎拜访遍了全日本的公司，直到今天大会开始前依旧没有找到一个像样的经营者。但是，你可以站出来并参加这个大会，我真的很佩服你。我对你讲的那番话表示赞同。"

劳动者和雇用者就像是车子的一对车轮，缺一不可。一个轮子大了，另一个轮子就显得小了，这样车子根本不能顺利前进。之后，松下幸之助一直贯彻他的信念："只有力量均等的劳动者和雇用者在相互对立的同时保持和谐，才能构建良好的劳资关系。公司也会顺利发展，员工的福利也会得到提升。"

必须纠正错误：
抗议财阀的指示

在第二次世界大战之后，松下电器被认定为财阀家族，因此不能营业，甚至我也要辞去社长一职。但是我还是认为这是驻日盟军的错误，于是我很诚心地告诉他们这个错误。

当时我很生气，心想怎么会有这么蠢的人。我开始自暴自弃，喝起酒来，认为即使自己去做也不会成功。而且，当时也赢不了他们，一切都完了。

但是，要知道每个人都会犯错。驻日盟军的这个错误并没有什么恶意，只是对我们还不够了解。因此，我没必要一直生气。我会谦虚地对他们说"您一定要了解事情的全貌"，这样他们才会理解我们。

1945 年 10 月，松下电器所有的工厂恢复民用生产，但到 1946 年，一切又发生了变化。由于驻日盟军最高司令官总司令部接连发布的指令，松下电器的很多业务都受到限制。自从 3 月份时被认定为受限公司以来，松下幸之助和松下电器又接连受到了 6 个限制，先是这一年被指定为财阀家族^一、索赔工厂^二、开除公职^三、持股公司^四以及停止军用补偿^五，之后又在 1948 年 2 月被指定为集中排除对象^六。至此，松下幸之助还有松下电器遭遇了前所未有的危机。

　　松下幸之助认为，日本作为战败国理应遵从战胜国

---

　　^一 财阀家族意为家族式管理，即近亲及姻亲手中握有总公司、分公司甚至集团公司的经营权。在驻日盟军最高司令官总司令部看来，财阀家族是日本走上军国主义邪路的推动力量。为分散他们对企业的支配，将松下电器指定为财阀家族。——译者注
　　^二 因为松下电器给日本军队生产过船只和飞机，所以被驻日盟军最高司令官总司令部指定为"索赔工厂"。这导致松下电器给军队生产船只和飞机的设备均被拆除。——译者注
　　^三 禁止松下幸之助担任公职。——译者注
　　^四 松下电器被指定为持股公司后，无法将公司股份卖给独立投资者。——译者注
　　^五 第二次世界大战之后，松下电器本应得到给日本政府生产军需物资的补偿费用，但是由于驻日盟军最高司令官总司令部的限制，日本政府不再给松下电器支付补偿费用。——译者注
　　^六 集中排除对象是指被分割的战争期间规模较大的企业，以适应第二次世界大战后经济的发展。——译者注

的指令，但还是无法接受松下电器被指定为财阀家族。

松下幸之助从一无所有起家，通过勤勤恳恳地工作，终于走到现在，松下电器成立已有 20 多年。松下幸之助和那些祖祖辈辈操纵日本经济界的财阀绝对不同。而且，当军队下达命令时，松下幸之助只能听从命令制造船只和飞机。实际上，松下电器的业务本来只是生产和销售生活必需品而已。由此看来，松下电器被指定为财阀家族是大错特错的，这与让无罪者背上罪名没有区别。因此，松下幸之助认为必须要纠正这个错误。

很多企业被指定为财阀家族后，社长只好辞职。松下幸之助非但没有辞职，反而决定对驻日盟军最高司令官总司令部提出彻底的抗议。于是他坐着人满为患的电车，从大阪去驻日盟军最高司令官总司令部所在的东京，要求取消对松下电器的财阀家族的认定，这来来回回已高达 50 多次。为了证明松下电器不是财阀家族，松下幸之助还写了 5000 多页的资料。

在这个过程中，松下幸之助由于个人资产被冻结，每天的生活都很困难，甚至不得已向朋友借钱度日。但即便如此，他依旧没有放弃，还是坚持抗议，终于在1952 年，松下电器才得以解除财阀家族的指定。

后来，松下幸之助回想当时的经历时说道："我当时的信念就是，说我该说的，做我该做的。另外，不管在何处，都要坚持自己的初衷，并坚持做正确的事。不过还好结果是好的，还好我没有舍弃我的初心。"

意想不到的事：
解除开除公职的指定

当我被开除公职时，工会的各位都为我发起了抗议。但是当时我的意思是"我不想欠大家的人情，希望大家不要再做这些了"。

虽然我表面上说不想欠他们人情，但我内心还是挺开心的。我不会无缘无故地期望苟活于世，也不会无缘无故地去想到结束自己的生命。我不会自始至终地认为即使在面临抉择的状况下，能够做到没有任何过失。我的想法便是你们怎么开心怎么来吧。因此，我说了很失礼的话，但是另一方面我还是很感谢大家。

1946 年，不管是松下电器还是松下幸之助，都受
到了驻日盟军最高司令官总司令部的各种限制。同年 11
月，松下幸之助被指定开除公职也是其中之一。

　　这种指令主要针对之前的军用公司，而松下电器正
好也在战争时期应军队请求生产军需用品，因此松下幸
之助和公司内常务董事职位以上的员工都要接受这个指
令。松下幸之助虽然一直抗议松下电器被认定为财阀家
族，但事实上并没有辩驳的余地，于是他决定辞职。

　　但就在此时，事情有了令人意想不到的转机。松下
电器的员工还有全日本的代理店的相关人员都纷纷提议
"要解救松下电器于危难之中，此时绝对不能失去松下社
长"，甚至连工会也开始了"不要开除松下幸之助公职"
的请愿活动。工会的代表和他们的家人在请愿书上签字
盖章之后，拿着这份请愿书前往东京，向驻日盟军最高
司令官总司令部还有政府请求不要开除松下幸之助的公
职。当时开除经营者的运动进行得比较激烈，而这场请
愿运动让政府深受感动。

　　还有一件事让正义偏向了松下幸之助这边。驻日盟

军最高司令官总司令部经济复兴局的工作者到日本各个地方的工厂进行调查，当他来松下电器视察时，对松下电器的经营方针十分感兴趣。

他其实很同情松下幸之助，因为松下幸之助要被开除公职，不得不辞去社长一职。因此，他对松下幸之助说："你也挺不容易的。虽然你要被开除这件事并不在我的能力范围之内，但你优秀的经营理念，还有你关于和平的想法，我都会汇报给上级的负责人。"

不知道是大家的请愿运动奏效了，还是驻日盟军最高司令官总司令部经济复兴局工作者的进言发挥了作用，也许是在两者的共同作用下，1947 年 1 月，终于转为资格审查后开除的指令。之后，松下电器再次接受审查，在同年 5 月，松下电器被视为个例恢复正常运作，松下幸之助也得以继续任职。

希望通过繁荣带来和平与幸福：

创立 PHP 研究所

　　试想一下，为什么会出现如此动荡的社会形势。也许有人认为这是不可避免的事，但我并不这样认为。我认为是因为人们没有追求无尽的繁荣、和平与幸福。

　　是人类自身导致了今天的惨状。当小聪明还有过度的欲望冲昏了头脑时，美好的生活自然而然就会遭到破坏。因此，我认为想要纠正这种想法，只有追求繁荣、和平与幸福才行。因此，我开始了 PHP 研究，还有 PHP 运动。

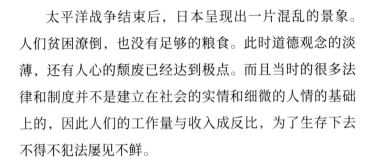

　　太平洋战争结束后，日本呈现出一片混乱的景象。人们贫困潦倒，也没有足够的粮食。此时道德观念的淡薄，还有人心的颓废已经达到极点。而且当时的很多法律和制度并不是建立在社会的实情和细微的人情的基础上的，因此人们的工作量与收入成反比，为了生存下去不得不犯法屡见不鲜。

　　松下幸之助在这样的世道之中，开始疑惑并思绪万千，人类本来的样子是什么、人类社会该以何种方式存在。

　　自然界中的鸟兽可以随意地穿梭于山野之间。而反观作为万物之灵的人类，却遭遇如此不幸，并为贫困所苦恼。这难道就是人类应该有的状态吗？不，绝对不是。一定有一条路，可以让人类在物质和精神富足的同时，也能够和平并幸福地生活。

　　想到这里，松下幸之助不禁心潮澎湃，想把这个想法告诉更多人。他希望大家能够一起思考如何实现繁荣（Prosperity）、和平（Peace）与幸福（Happiness），并将其命名为 PHP（Peace and Happiness through Prosperity）。

于是在 1946 年 11 月 3 日，松下幸之助创立了 PHP 研究所。他自己作为研究所的所长，算是迈出了这个活动的第一步。

之后，松下幸之助每天便去各个地方，为大家讲述 PHP 的想法和理念。不管是税务局、警察局、法院，还是妇女团体、青年组织、大学的教授会等组织的办公室，甚至他有时还会去东西两本愿寺给那里的僧侣说法。PHP 相关的演讲还有座谈会自 1946 年 11 月到当年年末已有超过 30 多次，第二年则有 200 多次。

之后，松下幸之助回顾道："没想到，从来没有像样演讲的电器店会进行与 PHP 相关的演讲，而且现在做得也挺好。现在想想，我也是一身冷汗。但当时我有一个很强的信念，难道这个社会只能这样了吗？因此我选择去各个地方演讲，说来也是一种强迫自己的想法。"

就这样，以松下幸之助为首，PHP 研究所开始了有关繁荣、和平与幸福的理念和方法的研究还有运动。

以一种新的使命感进行呼吁：

举办紧急经营方针发布会

　　回顾松下电器的历史，在第二次世界大战之后的 5 年里，松下电器遭遇了各种问题。但即便在逆境中，大家还是全力以赴，克服困难才走到了今天。我们通过不断努力，才看到了今天的曙光。我们要把这段时间付出的辛苦当作收获的宝贵经验，在不久的将来，它们一定会成为我们快乐的回忆。

　　在生死关头，还有思考日本真正的重建道路之时，我萌生了可以努力工作的喜悦感。不管松下电器恢复营业与否，我都想一心做生意。于是我在这里对大家说这些话，希望大家能够燃烧自己所有的精力，开心快乐地投入到公司的经营当中。松下电器在狂风暴雨中东山再起，而我们也要站在各自的立场上奋发图强。

战后，松下电器一直处于混乱和低迷的状态，1949年年末险些破产。公司在各种束缚下无法按照自己的预期发展自己的业务，松下幸之助每天都在苦恼中度过，克服困境，勉强维持着公司的经营。

　　在这样的情况下，松下电器逐渐解除了驻日盟军最高司令官总司令部的各种限制。首先，在1949年2月解除了集中排除对象的指定，接着在12月解除了财阀家族的认定。虽然此时还未解除受限公司的指定[⊖]、持股公司的指定[⊜]、索赔工厂的指定[⊜]等，但是在1950年下半年，松下电器还有松下幸之助已经恢复了自由的状态，可以进行经济类的活动。

　　情况终于有所好转，松下幸之助也得以"重见天日"。他此时切身感受到可以自由工作的可贵。

　　此外，1950年朝鲜战争爆发，参战的美军在日本订购了大量的军需用品。也因此，日本经济又恢复了之前的盛况。

―――――――――

　　⊖　1950年10月解除。
　　⊜　1951年3月解除。
　　⊜　1952年11月各工厂逐个解除。

在这种情况下，松下幸之助投入到真正的重建工作当中。他心里决定一定要重振濒临破产的公司。

在 1950 年 7 月 17 日，松下幸之助召集了公司骨干并举行了紧急经营方针发布会。他充满了重新投入工作的喜悦，并说明了自己此次的决心。本小节开头的内容，就是他讲话内容的一部分。

松下幸之助的呼吁让大家充满了新的使命感，让公司内的氛围一下子又变得紧张起来，员工立即全心投入重建工作中。销售业绩急剧上升，6 月到 11 月这几个月的销售额可以说是之前的两倍左右。此外，公司还提升了业绩，使得能够在 11 月恢复分红并分配三成的红利。

切身体会到巨大差距：

首次去美国学习

　　我一整天都对美国纽约的繁华惊叹不已。当地商店的橱窗中陈列着很多商品，让你看一眼就想购买，甚至每一个都想收入囊中。

　　纽约的商店在周六和周日不营业，我对此还不是很习惯，以为商店的老板没时间工作。来到这里，我发生了很多变化，比如思考方式发生了变化，心胸变得宽阔起来，甚至对待事物的看法也在发生变化。我想这对于我今后的经营会很有帮助。

　　我想能够尽可能地调查美国电器的销售方式，结果发现美国家庭使用电器的现象已经很普遍了。我因此对美国很是钦佩。我想日本也必须努力推广电器的使用以改善人们的生活水平。

1951 年年初，松下电器开始了战后的重建。松下幸之助在经营方针发布会上希望所有员工都要有思想准备——松下电器今后要重建。松下幸之助对他们说："今后我们必须要有一个立足于全球经济的立场，充分利用日本民族的优势，在全球范围内进行经济活动。"之后，松下幸之助为了自身能够学到新的经营理念以及经营方法，第一次前往美国。

　　1951 年 1 月 18 日，松下幸之助决定去美国出差一个月。他在美国期间，经常给公司寄信，信的内容基本上就是参观美国企业的所见和感想。本小节开头的内容就是 1 月 30 日信中的一部分。

　　松下幸之助参观、学习了通用汽车等公司的十四五个工厂。不管是工厂高性能的设备、高效的生产方式还是科学合理的工作方式，都让松下幸之助赞叹不已。他也确定了自己要学习的地方还是很多的。另外，当他看到了自己一直坚持的专业细分化能够在美国彻底实行，并取得一定成效，也对松下电器未来的方向有了一定的信心。

　　此外，美国的女性员工的第一份工资若换算成日元，和日本社长的工资差不多。松下幸之助知道后，大为震惊。此事在他心里埋下了深深的种子，他希望日本的工资也能早点达到那个水平，并且他希望松下电器能够开创这个先河。

此外，松下幸之助还亲眼见证了美国电动机行业的繁荣景象，他认为电动机行业将来会有很大的发展。

当时的日本由于电力不足，每天晚上都会停电。而美国纽约的泰晤士广场，即便在夜晚也是灯火通明。纽约中央火车站的大厅地面就像镜子一样既光滑又明亮。这一切不禁让松下幸之助感到美国和日本有如天壤之别。之后，松下幸之助也说道："我算是知道了，日本要和美国这样一个国家打仗，那是必输无疑的。"

松下幸之助之后一个人走在美国的街道上，观看没有翻译的电影，可以说为的就是能够理解美国这个国家还有美国人民的生活方式。就这样，松下幸之助在第一次美国之旅中，受到了很大的冲击，同时也丰富了自己的见闻。

民主主义即繁荣主义：
去美国学习有感而发

　　在美国，每个人自小学开始就有纳税的义务。在日本人看来，可能有人会说"被纳税了""那也太惨了"，但实际上并非如此。我认为这就是所谓的"民主主义"。在日本，很少有人会关心纳税之后，政府将税收用在何处。而美国则不同，在美国，每个人必须要纳税，同时政府要有效地使用收到的税收。在我看来，这才是民主主义，即企盼国家的繁荣还有国民的幸福。

　　也就是说，"民主主义就是繁荣主义，民主主义即繁荣"。因此，我认为日本如果能实行民主主义，也会变得繁荣。但如今的日本，可以说是利己主义，不讲权利也不讲义务，如此一来，便不是民主主义。

1951 年 1 月 18 日，松下幸之助踏上了美国的学习之旅，原本计划在美国待上一个月。但是，松下幸之助亲身体验了美国人丰富的生活，也参观了美国的各种公司还有工厂。当亲眼看到了工厂先进的设备和技术时，他不禁想了解美国更多的真实状态。于是他将返回日本的时间又延长了很久，最后大概在美国待了 3 个月，于 4 月 7 日才回到日本。松下幸之助从日本启程时是光头，但是回来时他效仿美国人将头发留长，这让去机场接松下幸之助的员工大跌眼镜。

　　松下幸之助通过本次美国之旅亲身感受到美国的繁荣，他认为美国的繁荣在很大程度上都要归功于美国的民主主义。

　　比如，松下幸之助去纽约的海水浴场时，他发现在冬天时公共厕所即便没有人用，但还是打扫得很干净，这一点让他很是吃惊。但是给他领路的人对他说："打扫得干净是应该的，毕竟我们每个人都纳了税。"松下幸之助因此体会到美国一直以来贯彻到底的纳税意识，即税收主要用于提高国民生活。由此也可以看出美国主权在民，即民主主义的本质。因此，美国的街道才打扫得如此干净。松下幸之助不禁再次感到民主主义真的很好。

此外，松下幸之助也在机器公司见到几个入职几年的工程师，他们的年龄虽然只有 28 岁，但是却在团队中做总工程师，而他们的下属是工作了几十年的四五十岁的老工程师。即便如此，他们工作起来也没有任何隔阂，甚至从来没有发生过冲突。由此也可以看出，只要有实力，即便年纪不大，也可以受到大家的认可并担任高的职位。而且在大家看来，这一点早就约定俗成。这便是人尽其才。松下幸之助坚定地认为，这也是美国民主主义理念的产物，能够做到人尽其才，才会为美国带来繁荣。

松下幸之助在美国体验了民主主义的本质，他将其解释为美国繁荣的根源。之后，他找到了日本今后努力的方向，也开始不断地提倡"民主主义即繁荣主义"。

当场决定合作：
开启冰箱事业

　　我们在判断某件事时，很容易受这件事的利害得失束缚。大多数情况下，我们会斟酌这件事对自己来说是有利的还是不利的，然后选择对自己有利的那一方来进行接下来的行动。

　　这对于人们来说可能是理所当然的。因此，这在某种程度上来说也是没办法的事。但是相应地，不计较也不去考虑自己的利害得失，这种态度更能打动我们的内心。这也是人类应该有的一面。

久保田权四郎是久保田铁器厂[⊖]的创立者，同时也是经济界的权威人士。1951 年的一天，他突然找到松下幸之助。松下幸之助见前辈来访，很是吃惊。久保田权四郎开门见山地对松下幸之助说："我今天有点事想麻烦你一下。"之后，久保田权四郎把他一起带来的人介绍给松下幸之助，说："这是我的侄子。"

　　久保田权四郎的侄子也成立了公司，战后生产军队用的冰箱，但是军队的撤离让他不得不转向日本市场。久保田权四郎建议他："如果你还想继续制造冰箱，不如让松下幸之助帮忙出售。如若不然，冰箱很难在普通的市场卖出去。"于是便把他带到这里。

　　当时的松下电器也在自主研发冰箱。松下幸之助想听一下对方的条件还有期望再做判断，于是回答道："其实我们早就准备开始销售冰箱了。如果你说的条件和期望能够满足我们的预期，我们是可以销售你们制造的冰箱的。"

　　于是，久保田权四郎说："我是这么和我侄子说的，

───────────

　　⊖　现为久保田集团。

'你在不在乎一切都要按松下幸之助说的来做。如果你下
定决心可以无条件地交给他做，那我们就可以去找他'。
我侄子对我说，'只要能够帮我这个忙，我可以下这个
决心'。所以我才过来拜托你的。既然一切都交给你了，
条件就都听你的。"

　　一般在这种情况下，合作方都会谈些对自己有利的
条件，但是他们并没有考虑利害关系，而是全权交给松
下幸之助。松下幸之助也被二人淡泊的态度深深打动，
于是说："好的，我了解了。我这边的计划停一下，就先
用你的工厂吧。"

　　尽管事发突然，但松下幸之助既没有去考察工厂也
没有看过详细的资料，当场便决定与久保田权四郎的侄
子合作。就这样，对方的公司成为松下电器的冰箱部门。

要求经营指导费用：
和飞利浦公司进行技术合作

对于我们人类来说，看得见的东西的价值往往容易分辨。但是，很难知道看不见的东西的价值。即便如此，我还是认为，正确地知道看不见的东西的价值是非常重要的。

在企业当中更是如此。也就是说，企业的经营模式虽然看不见，但是却有着很大的价值。当然，没有拿出好成绩，经营模式的价值会很小；若是产生优秀成果的经营模式，价值则是非常大的。优秀的经营模式能够提高企业的发展和员工的福利，而且还能推动国家和社会的进步与发展。但是，我们却不能正确地认识到经营的价值。

1951 年 1 月，松下幸之助首次去美国学习。当时
的他便确信，引进欧美的先进技术对于日本战后的复
兴是不可或缺的。他为寻得一个合作伙伴，在同年的
10 ～ 12 月再次去欧美国家学习，最后决定与荷兰的飞
利浦公司进行技术合作。飞利浦公司的技术自不必说，
而且它也是从个体经营逐步发展壮大，这一点与松下电
器颇为相似。而且，荷兰这个国家的面积并不大，国情
相比之下与日本接近。

　　但正式进入谈判时，却发生了一个问题。飞利浦公
司要求的技术援助费特别高。美国公司的援助费也就是
其销售额的 3%，而飞利浦公司却要拿到占销售额 7% 的
援助费，并不肯做出让步，说："我们会派遣技术人员，
他们负责进行技术上的指导。虽然费用很高，但也有相
应的价值。"

　　松下幸之助不断进行交涉，终于将援助费降到 4% ～
5%，即便如此费用还是很高。谈判遭遇瓶颈，松下幸之
助也思考了很多。

　　飞利浦公司负责指导，因此会收取高价的技术援助

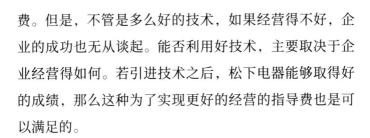

费。但是，不管是多么好的技术，如果经营得不好，企业的成功也无从谈起。能否利用好技术，主要取决于企业经营得如何。若引进技术之后，松下电器能够取得好的成绩，那么这种为了实现更好的经营的指导费也是可以满足的。

因此，松下幸之助提了一个建议："贵公司若是和松下电器签约，就要保证我们比之前签约过的任何一家公司都要成功。因为松下电器的经营也是有其价值的。因此，将松下电器的经营指导费设为 3%，同时将飞利浦公司的技术援助费设为 4% ～ 5% 怎么样？"

飞利浦公司听到之后，也很吃惊："真的从来没听过经营指导费。"但在松下幸之助的耐心劝说下，还是得到了飞利浦公司的理解，于是双方还是按照松下幸之助的建议顺利进行，并成立了合资公司。

松下幸之助之后回顾这次合作的谈判时说道："这次宝贵的经验也让我审视了经营的价值。"

人心自由自在：

支付飞利浦公司两亿日元

　　人心是自由自在的。以我个人经验来说，哪怕觉得不容易，觉得困难，但有时只要稍微改变一下想法，便能转悲为喜。

　　人漫长的一生当中，自己内心的想法还能改变很多事情。有时觉得坚持不下去，明天就不想活着、想去自杀，但念头一转又能转换为好心情，感觉好像可以气吞山河。这便是人的内心活动。

　　正因如此，我们必须要磨炼心性，完善我们对待事物的看法还有思维方式。

1952 年 7 月，松下电器和飞利浦公司结成技术合作伙伴，这也是松下电器首次和外企成立合资公司。但是，在决定签字的过程中，松下幸之助很烦恼也很迷惑。这是因为，当初对方要求的技术援助费是销售额的 7%，虽然一番谈判后，对方决定将援助费降为 4% ～ 5%。但是除此之外，对方还要求支付 55 万美元的慰劳金，这笔费用按照当时的汇率是 2 亿日元。而当时松下电器的资金是 5 亿日元，因此那笔 2 亿日元的慰劳金对松下电器来说无疑是一个沉重的负担。

松下幸之助一想到为了日本的电子工业还有松下电器的发展，一定要达成这个合作。但是，他还是无法消除心中的疑惑。真的要签约并支付一笔巨额的慰劳金吗？

此外，合同内容也有一定的问题。比如，松下电器若发生失误，应该采取的措施是立刻把机器归还给飞利浦公司。也就是说，合同条款基本都对飞利浦公司有利，并没有规定如果飞利浦公司失误应该怎么办。因此，如果就这么签了合同，松下幸之助担心会被飞利浦公司牵着鼻子走。

正当松下幸之助难以抉择、十分困惑之时，他的脑海中突然浮现一个想法。

松下电器如果成立一个像飞利浦公司这样大的研究所，需要花费 10 多亿日元。此外，还需要花很长时间去培养员工。但是，如果现在支付了 2 亿日元，就能够充分利用飞利浦公司的设备还有优秀的员工。这一切其实就和自己的一样，稍微变换一下思维，只要花一些钱就能雇用飞利浦公司这样的大公司为自己服务，于是松下幸之助就下定决心签了合同。在那之后，双方成立了合资公司。三个工程师从飞利浦公司来到松下电器，他们站在松下幸之助面前，并向他问候："我们今天开始来这里工作。今后会努力干活。"

松下幸之助见状，感觉这和拥有了飞利浦公司并无不同。

承担企业的社会责任：

创立九州松下电器

一个企业必须要做到和区域社会还有环境一体化，在保持和谐的同时能够为其发展做出一定贡献。换句话说，松下电器要做一个让区域社会满意的企业。

对于这种想法我也想了很多，但最基本也是最重要的就是融入区域社会，还要有一种思想觉悟，要和它成为一体，为区域社会的发展尽心尽力。只要有这种觉悟，能够诚心诚意地应对每天发生的各种事情，便能成为一个真正让人满意的企业，并与区域社会共存共荣。

1954 年，松下电器应位于九州地区的福冈县及福冈市的请求，在福冈市开设一个工厂。此前，煤炭行业是九州地区的主要产业，但是后期逐渐衰退，于是九州地区决定扶植煤炭产业并推进地区的工业化发展。其中一个措施就是希望松下幸之助利用原有的橡胶加工厂，来协助九州地区的开发。

但是，当时的松下电器刚刚解除驻日盟军最高司令官总司令部的各种限制，可以自由地开展经营活动，因此当时的重心主要是主业的复兴。

此外，当时还有一个难题，由于九州地区当时还没有发展起来家电工厂的相关产业，因此生产产品的材料基本上都要由松下电器提供，而要把成品提供给关东和关西地区，需要很大一笔运费。

基于以上原因，松下幸之助决定拒绝这个请求。但是第二年，对方再次真诚地请求松下幸之助："我们拜托了各地的企业，但是没有一家愿意接下这个活，我们也很头疼。为了当地的发展，想请您再考虑下。"

松下幸之助听完之后，又开始重新进行思考："既然九州的群众这么热情，我又怎么好意思拒绝呢。您把这件事交给松下电器，想必也是兜兜转转还是觉得我们最合适。接受您的好意是我们的义务。我们会好好做，毕竟为九州的经济，或者说是为九州整个地区做贡献也是对日本做贡献，更是在实现松下电器的社会责任。"

就这样，即便选址条件非常不利，松下幸之助还是决定打入九州市场。

1955 年 12 月，松下幸之助花了 1 亿日元成立了九州松下电器股份公司。把它作为一个独立的公司，而非松下电器在九州的工厂，主要是松下幸之助将其作为一个扎根于九州的企业。虽然起初没有什么利润，一直处于不利的境地，但渐渐还是步入了正轨，最后也顺利提升了业绩。

和大众签订看不见的合同：

提出 5 年计划

迄今为止，松下电器已有数百个代理商，还有几万个经销商，需求者数千万。当这些需求者为提高生活品质而想入手某个东西，如果没能得到他们想要的东西时，就要忍受原本的生活。

我们想到人们会有这种需求，因此我们做了万全的准备以便能够立即满足人们的要求，我认为这是一个商人应尽的义务和责任。换句话说，我们和老百姓之间有一份看不见的合同。当然我说的不是纸质合同，也不是口头约定。但是，如果我们能够清晰地认识到工作的使命，就会知道我们和大众之间签的是一份看不见的合同，一份无声的合同。

1956 年 1 月，松下幸之助在定期举行的经营方针发布会上，发布了"松下电器 5 年计划"。

日本出现了"神武景气"[⊖]，日本经济也趁着经济繁荣实现了快速发展。人们对家用电器的需求也越来越大。松下电器结束了战后 10 年的痛苦和重建期，终于迎来了真正的全盛时期。

5 年计划的内容为，从 1955 年开始，预计到 1960 年，松下电器将每年 220 亿日元的销售量提高到每年 800 亿日元，将员工从 11 000 人增至 18 000 人，将资金从 30 亿日元提高到 100 亿日元，将销售量增加至原来的四倍左右。每个员工都对这个宏大的构想感到震惊。大家都半信半疑：先不说 5 年后能否实现这些目标，来年的事谁义能预料呢？

但是松下幸之助说："我发誓以上我所说的这些都会实现。"随后他说出了原因："我之所以这么说，是因为它是大众普遍的需求。也就是说，我们身上承载着大家的期待和愿望，现在只不过是把他们的期待具体成数字。

⊖　第二次世界大战后日本的第一次经济发展高潮。——译者注

要知道我们为的不是自身的名誉，也不是单纯为了利益。我们执行的这个计划是面向整个社会的。因此，只要我们每个人在工作上不懈怠，一定可以实现 5 年计划。"

本小节开头的内容就是接着以上这段话的。

当时的私营企业还没有这样的长期计划，因此 5 年计划一发表便在各个领域引起了很大的反响。

松下电器的每个员工都被松下幸之助的话所鼓舞，因此 4 年里就基本实现了这个计划，到 1960 年时远远超过了之前的目标，销售额达到 1640 亿日元，员工增加到 28 000 人，资金也达到 150 亿日元。

之后，松下幸之助说："我们和世人签订了一份看不见的、无形的合同。基于这份合同的义务，我产生了一个信念，并且商业行为也会成为我的精神支柱。我一路走来也都始终贯彻这个想法，并意识到了这种无形的合同的重要性。"

陈述自身经济观：
经济现象即人为现象

　　房子是由人类建造的。因此，房子是按照人类的想法建造的。在大家看来，不管是大房子还是小房子，都要适合人居住。基于这种想法，人们设计并建造房子，之后人们便能舒适地居住在房子里。

　　经济现象和建造房子是一个道理，也是一种社会现象。也就是说，经济现象不是一种像刮风下雨这样的自然现象，它是一种基于人类思考和创造的人为现象。

　　经济现象是按照人们的预期来运行的。就像人们想住得舒适一样，人们也可以按照心中所想来操纵经济。不管是建造房子还是操纵经济，基本上都取决于人们的思维方式。

这些内容主要出自新政治经济研究会○的机关杂志《新政经》的 1956 年 2 月刊中松下幸之助写的题目为"经济和人类"的文章。

　　在这里，松下幸之助陈述了自己的经济观，即经济状况的好坏其实都取决于人类的思维方式。他认为，大部分人都有点悲观，他们认为经济繁荣之后接下来一定会不景气。

　　对此，松下幸之助说道："这样说未免有些奇怪。经济繁荣有利于大家提高生活质量，消除经济不景气的现象，进而经济就会一直繁荣。之后，经济一直繁荣，没有任何不景气，这样一来，不景气这个词自然会消失，经济繁荣这个词也会消失，那么就让经济繁荣成为经济的常规状态。只有这样，人类社会才会繁荣。"

　　松下幸之助通过分析自己的工作经历，坚定了对于经济观和经济行情的看法。

　　此外，松下幸之助也一直主张企业在经济景气就加

　　○ 为研究和推广真正的民主主义，松下幸之助在 1952 年 8 月成立了"新政治经济研究会"，进行惯例政策研讨会等各种活动。

快发展，经济不景气就放慢脚步，将关注点放在细节上。这句话说的是，当经济不景气时，顾客会仔细考量商家的商品和服务，因此需求主要集中在那些经常自主学习并且重视客户的公司。经济繁荣固然最好，但经济不景气也会带动一个公司进一步发展。

有一次，松下幸之助应竹中工务店的邀请，和店里的竹中藤右卫门㊀进行交谈。松下幸之助对他说："现在经济不景气，你这里反而要越来越忙啦。"竹中藤右卫门反问道："此话怎讲呢？"松下幸之助回答道："我之所以这么说，是因为我看到你们平时的工作状态。如今正是经济不景气，能真正发挥你们公司的价值。"竹中藤右卫门听完之后激动地握起他的手表示感激。

也许正因为二人的工作有业务联系，不管经济状况的好坏，他们都会不断努力，因此他们的想法才相通吧。

㊀　当时是顾问。

CHAPTER 4
第 4 章

返璞归真，邂逅青春

　　青春，取决于一个人的心态，其实无论什么时候都能永葆青春。不管是 80 岁还是 100 岁，只要一直充满信念和希望，拥有勇气，就能不断追求新的事物。有了我这种个人想法和态度，自然就会变得年轻。在某种意义上来说，这便是青春。

——松下幸之助

在外国投资建厂以便那个国家更加繁荣：

设立美国松下电器

　　为了能真正进军国外，从根本上一定要清晰地铭记我们的基本理念："我们进军国外，主要是为了那个国家的发展，还有提高人民的生活水平。而这一切归根结底也是为了日本，我们做任何工作都要基于这个使命。"

　　因此，我们决不能把目光局限于提高出口数量，也不能给别的国家带来不必要的混乱。我们一定要格外注意，不要扰乱别的国家的行业秩序，也不要给它的国民带去不安。在和别的国家保持和谐的同时，能够实现共存共荣，站在这种立场上思考，推进出口业务发展，这一点是十分重要的。

〜〜〜

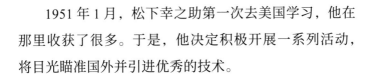

　　1951 年 1 月，松下幸之助第一次去美国学习，他在那里收获了很多。于是，他决定积极开展一系列活动，将目光瞄准国外并引进优秀的技术。

　　1958 年 1 月，松下幸之助在经营方针发布会上，提出要加大出口力度，并表示："我希望尤其是今年，可以真正做到增加出口额。"在次年 1 月的经营方针发布会上，松下幸之助提到了从上年到现在的出口额只有 32 亿日元，只占销售总额的 7%～8%。他希望相关负责人可以再加把劲，并对他们说："在我看来，虽然每年的贸易额在不断增加，但是其增长速度极其缓慢。"

　　当时的日本经济已经开始由神武景气向岩户景气$^{\ominus}$转变，并且岩户景气呈现的繁荣景象已远远超过神武景气。于是，松下幸之助认为，日本经济已经恢复，今后需要做的就是通过贸易为国外做贡献。

　　为扩大出口，松下幸之助于 1959 年 9 月，在纽约成立了当地法人的销售公司——美国松下电器股份公司。之后，松下幸之助准备在美国构建松下电器自己的销售

　　$\ominus$　第二次世界大战后日本的第二次经济发展高潮。——译者注

网，并把美国打造为推广产品的据点。又在同年的 11 月新成立了一个国际总部，以作为国外业务的统辖部门。

机制的加强也让出口额急剧上升，一年后松下电器的出口额已占到销售总额的 10% 以上。

在那之后，松下电器不断将国外的业务提上日程，先是在 1961 年成立了海外分公司 National Thai，又在东南亚以及中南美等地成立了制造公司。

松下幸之助将业务拓展至国外，一直坚持着"共存共荣"的经营理念。他一直坚信，基本方针的确立都是基于一个观点，即对海外分公司所在国家的繁荣有利，那么自己国家自然也会跟着繁荣。之后，他将这个方针真诚地讲给海外合作商，若踏踏实实地将应该做好的事做好，那么当地也一定会接受并欢迎这个企业。

明确目标：

提出"5 年后实行双休制"

一直以来，我觉得很重要并且付诸实践的是，明确某个阶段的目标。就我个人经历来说，一旦有了某个目标，员工之间便会产生达成目标的积极性还有团结的精神，如此一来便能为企业带来活力。可以说，在松下电器的发展历程中，员工大部分时候比较有朝气，很大程度上都要归功于明确了目标。

因此，我认为作为一个经营者最重要的是，要一直拥有一个梦想，或者是有一个理想，比如"想做这件事""想把公司变成这样"等。之后，不断地把这些内容当作目标发布出来。若是一个企业不在明确目标上下功夫，而是安于现状，很有可能会走向失败。

1956 年 1 月，松下幸之助提出了 5 年计划，要将销售额以 220 亿日元提高至 800 亿日元。尽管这一计划让所有员工大惊失色，但通过整个公司的努力，终于在 4 年里就基本达成了目标。到 1960 年时，松下电器的销售额已达到 1054 亿日元，远远超过当初制订的计划。

　　在 1960 年 1 月的经营方针发布会上，松下幸之助又提出了一个新的目标，即"5 年后实行双休制"。在当时，双休制已经在美国普及，但是还没有日本的企业采用双休制，这一目标让员工感到震惊。

　　对此，松下幸之助强烈呼吁大家："要想在国际竞争中脱颖而出，除了要改进设备、推进自动化等，还要提高工作效率。当工作安排得太过紧凑时，身体也很容易疲惫，因此，公司将采取和美国一样的双休制。只有这样，才能和全球的厂商一决高下。"

　　当时有工会成员表示要加大工作强度，大家对此褒贬不一。但是后来工会还是积极配合工作，按照松下幸之助所说，在 5 年后逐渐实行双休制。

　　松下幸之助希望大家在休息日不只是玩，而是能够作为一个商人自我成长。对于双休制，松下提出了"一天休息，一天学习"的口号，在提高员工积极性还有工作效率上发挥了重要的作用。

此外，在 1967 年 1 月，松下幸之助还表示"5 年之后，松下电器的工资将赶超欧洲并追上美国"，这激发了大家的积极性。之后，通过全体员工的共同协作，终于实现了目标。

松下幸之助说："身为一个经营者，一定要经常制定目标。只要有了目标，大多数人就能发挥自己的创意，轻松自在地工作。只有这样，才能充分发挥每个人的作用，并取得集体性的成果。"

向荷兰学习：

出访荷兰

风车是荷兰的代表性事物之一，它作为动力源主要用于排水开垦。在蒸汽水泵发明之前，荷兰几个世纪以来都是靠风车的力量，才把水从远方运来，荷兰也正是用风车才将国土一点点扩大。此外，荷兰还有一个专门负责水利的政府机关，并配有"水利大臣"的职位。

就这样，荷兰不断开拓国土，从而也能应对人口激增等问题。虽然国土面积狭小，但却实现了繁荣和发展。我觉得荷兰走的路也为日本的发展提供了一个很好的范本。

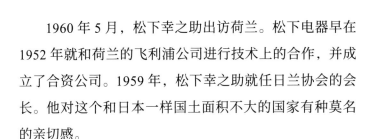

　　1960 年 5 月，松下幸之助出访荷兰。松下电器早在
1952 年就和荷兰的飞利浦公司进行技术上的合作，并成
立了合资公司。1959 年，松下幸之助就任日兰协会的会
长。他对这个和日本一样国土面积不大的国家有种莫名
的亲切感。

　　1958 年，松下幸之助因促进了日本和荷兰的友好往
来、经济交流，被授予奥兰治 – 拿骚司令勋章。他本来
就想找机会道谢，没想到却受到了朱丽安娜女王的邀请。

　　见面后，女王亲自给他泡茶，还给他递烟，女王的
盛情款待让松下幸之助甚是感动。同时，他观察到女王
房间里的家具很朴素，从这点不难看出，女王受国民爱
戴也是有道理的。通过 20 多天的考察，松下幸之助从各
个方面充分了解荷兰国情，他坚信他的见闻对建设一个
繁荣的日本大有裨益。

　　比如，荷兰的退休金制度等社会保障就普及得很到
位，国民的生活也很稳定。荷兰地下铺设电线，街道也
很美。荷兰的工人们住的房子也比日本的要好。人们都
很遵守交通规则，起码在荷兰的这段时间，松下幸之助

还没看到过交通事故。即便一辆车行驶的速度是每小时150 千米，松下幸之助也不会感觉到危险。

还有一点也让松下幸之助感受颇深，即便荷兰四分之一的国土海拔都低于 0 米，但还是大力巩固堤坝，加大力度做好水利工程。日本九州的面积基本上和荷兰差不多，在这点上日本要学习荷兰，最大限度地利用狭小的国土面积。

1976 年 6 月，松下幸之助写的《新国土创建论》一书出版后，引起了很大反响，甚至连媒体也对其进行报道。该书的核心思想主要是：日本将占国土面积 70% 的山岳地带推平 20%，并用富余的砂石、泥土填海，进而可以增加有效利用的并可以居住的国土，居住面积可达到现在的两倍以上。

期待实现伟大飞跃：
提出辞去社长一职

在世人看来，想必有很多人认为，松下电器能有今天的发展都是因为我这个社长的努力。但是，从更高的角度来看，我也不知道我是否阻碍了公司的发展。因为，随着年纪的增长，我没法再努力了。

我这个社长再做下去，反而有可能阻碍公司向前发展。首先，我辞去社长一职，公司的员工们会有一种动力，让他们觉得接下来必须要好好加油了。他们的这种想法在一般情况下都会有个好结果，因为我认为我的辞职也会有个好结果，公司也会越走越远。

1961 年 1 月，在松下电器定期举办的经营方针发布会上，松下幸之助和往年一样宣布方针，之后再次登上了讲台，他说自己将辞去社长一职，同时就任会长。此时，松下幸之助年满 66 岁，在这个时候卸任主要有一些原因。

　　原本松下幸之助想在 55 岁的时候卸任，但是当时处于战争时期，松下电器应军队要求生产军用物资，松下幸之助作为松下电器的负责人，是不能在这个时候卸任的。战后，全体员工都投入了公司的重建工作当中，这个时候也不适合卸任社长一职。

　　在那之后，松下幸之助花了十多年时间才得以让企业东山再起。1959 年 11 月时松下幸之助刚好满 65 岁，他就想趁这个机会卸任。但是回过头想想，这是自己提出 5 年计划的第 4 年，还有一年，那就干到 66 岁。

　　之后松下幸之助说："说到 66 岁，我从 9 岁开始就做店员，到现在做实业已经有 57 年了，年龄上也不允许了。总之出于多方面原因的考虑，我现在是时候辞去社长一职了。"

松下幸之助突然说的一番话让整个会场一片哗然，但之后便鸦雀无声。松下幸之助接下来介绍了新一任社长还有副社长，公司董事、常务董事等，并对大家说："我相信这个新的公司领导阵容，能够让松下电器实现伟大的飞跃。借此机会，我希望松下电器可以永远繁荣，同时我也希望松下电器可以成为更优秀的企业，并一直为社会做出贡献。"

　　1961 年的 3 月 7 日，松下幸之助为感谢每个员工多年里的配合，捐赠了自己的私人财产，共计 2 亿日元。资金的使用按照松下幸之助的意愿，成立了松下会长颂德福祉会，并制定了各种制度来帮助提高员工福利。

倾注新的热情：
重新进行 PHP 研究

从今天开始，我要重新进行 PHP 研究，因此我才再次启用了这个研究所。迄今为止，在我们研究的过程中，人类被赋予了无尽的繁荣、和平与幸福。这些与生俱来的东西，每个人既不相信，也没有意识到。这也可以解释为，在这个过程中出现了各种差错。15 年前，我当时研究了 3 年 PHP 便有了这样一个想法。

这次重新研究 PHP，我希望可以再次探讨那些问题。在如今的时代，我们需要考虑并再次探讨我在 15 年前的想法到底是对还是错。如果不正确，我们需要纠正；如果没有问题，我们就积累经验继续推进研究。

1961 年 1 月，松下幸之助卸任松下电器社长一职，并就任了会长。他趁此机会，在京都东山的山脚下建造了一个公寓，名为"真真庵"。他准备在那里再次进行暂停了十多年的 PHP 研究。

　　松下幸之助在第二次世界大战后的一片混乱中，于 1946 年 11 月创立了 PHP 研究所，同时开始了 PHP 研究活动，这个活动主要是为了研究实现世人的繁荣、和平与幸福的理念还有方法。但是，在那之后，松下幸之助要把精力放在松下电器的经营重建上，因此除了 PHP 相关杂志的编辑和发行，不得已暂停了 PHP 的研究活动。

　　真真庵的占地面积约有 5000 平方米，有茶室和庭园。池泉回游式[○]的庭园以东山为远景，是活跃于明治时期的第七代著名造园师小川治兵卫的杰作。松下幸之助刚买下这块地的时候一片荒芜，但是亲自规划将其建造成自己的风格，扩充了池子，并在灌木丛之间留出缝隙，将白沙铺上去。

　　另外，庭园的一角除了设有名为"真真茶室"的茶

　　○　日本庭园的一种样式。——译者注

室，还设有"根源社"，功能是对万事万物、万物之源的感激还有祈祷。

顺便说下，"真真庵"这个名字是松下幸之助取的。之所以叫这个名字，是因为这个地方将是一个追求真理的地方，另外它的周边格外寂静。

1961 年 8 月 18 日，共有 11 个研究所成员参加了开所仪式。松下幸之助回想着自己当初成立 PHP 研究所的初衷，决定要将热情重新注入 PHP 研究上。他对大家说："我希望能够集思广益，以一个谦虚的心态，与大家一同研究繁荣的原则，以及为人类带来幸福的思维方式。"

在那之后，以松下幸之助为中心，大家不断举行研究会，另外还进行了很多活动，如完善 *PHP* 杂志以及推广 *PHP* 杂志等。

松下幸之助即便处于耄耋之年，也还是对 PHP 研究一直抱有热忱，甚至还主持 PHP 理念的研究会。

直到 1967 年为止，真真庵一直作为 PHP 研究的场所，但现在已经是松下电器的迎宾地点"松下真真庵"了。

百万美元的广告价值：
在《时代》周刊上被介绍

　　美国的时代公司对日本产业的复兴状态进行采访，当说到日本是如何复兴的过程中，把我也加了进去。我觉得这种做法还蛮有趣的。

　　只是谈论松下幸之助确实不多见。当说到日本是如何推进复兴时，拿我举了例子。我脑海中不禁浮现出，"原来日本就是这个样子，还挺有趣的"这样的想法。

　　读过那篇报道的人也许并不知道我其实不会说英语，但是对于那些人来说，那篇报道可能是篇有名的文章，基本上大家都看到了。就这样，我一举成名，基本上全球都知道有我这号人物了。

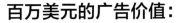

随着实现经济高速增长，日本备受世界瞩目，世人也越来越关注日本的核心企业。其中，松下电器不断实现飞跃式发展，因此多次刊登在国外的报纸和杂志上。

　　美国的《时代》周刊在 1962 年 2 月 20 日，发行了一个日本产业特辑刊，封面使用的便是松下幸之助的肖像，在刊物中有 5 页都是在介绍松下电器和松下幸之助。

　　《时代》周刊是世界闻名的杂志，它的发行数量当时在美国也是数一数二的。《时代》周刊自创刊以来，一般封面用的都是人物的肖像。迄今为止，能够登上封面的日本人除了昭和天皇和美智子皇太子妃之外，基本上都是政治家，而把实业家刊登在封面上实属罕见。

　　《时代》周刊邀请坚山南风为松下幸之助画肖像。坚山南风在日本画坛很有地位，还被授予文化勋章。说起来，日本画家为《时代》周刊画封面还是头一回。

　　在《时代》周刊的那篇报道中，详细介绍了松下幸之助的经历及经营理念，还有松下电器的发展历程。杂志上还有与松下幸之助相关的标语，如"从一无所有到建成最大的电器工厂的男人""生产销售的天才""眼神略带哀伤的男人"等。

松下幸之助说"我也没想到我能被媒体报道"，特刊发行之后的几个月里，其反响之大也让他本人大为震惊。松下幸之助说："媒体的力量的确很惊人啊。杂志出来之后，我收到了很多来自欧美陌生人的信，提出要我帮他们签名。一开始，在日本杂志社工作的外籍员工还找到我说'这个封面出来之后我们就要忙得不可开交了，你饶了我们吧'，之后确实如此。"他还说道："全世界都知道《时代》周刊，它的宣传价值说是百万美元也不为过。真的没想到就这样为自己宣传了。"

过度竞争即是罪恶：

在国际经营会议上演讲

　　竞争可以给人们一定的刺激，创造出新的东西，并会带来更大的进步，这一点无可厚非。但是，非常激烈的、过度的竞争在很大程度上会产生不好的影响。比如，国家之间的过度竞争会引发战争。如今，全球的人们都不希望有战争。全世界的人都在呼吁并努力做到维持世界和平，防止战争。

　　在企业间，过度竞争也是一种罪恶。但即便如此，如今的行业竞争还是异常激烈。我觉得作为一个经营者，目前需要考虑的问题就是如何消除这种过度竞争。

〰〰

1963 年 8 月，松下幸之助应纽约的国际科学经营管理协会的邀请，作为嘉宾去参加四十三届国际经营会议并进行演讲。当时共有 3000 多位学者还有实业家参加，每个人根据一个专门的主题进行讨论，而松下幸之助分到的题目是"我的经营哲学"。

松下幸之助讲述了作为一个经营者最重要的就是不要对自己进行错误的评价，要基于正确的人生观还有社会观确立自己的经营理念。在那之后，他开始谈论过度竞争的话题。本小节开头的内容就是他讲话的一部分，后面的内容如下。

"如今，有很多大型资本集团为了拓宽销路故意压低价格出售商品，这种行为无异于资本的暴力行为。以这种方式运用资本便是过度竞争，便是罪恶。我们应该带着良知，努力消除过度竞争。"

但是，在演讲后的一个提问环节当中，有一个听众提出了反对意见："刚刚，您说过度竞争即是罪恶，要努力消除。但我想说，过度竞争是无法真正消除的。因为，人类是有欲望的。当一个人赚了一万美元，他就想赚两万美元，当赚了两万美元之后又想赚三万美元，这其实就是人的天性。既是天性，又如何消除过度竞争呢？如果真能消除过度竞争，我就会去日本，摘下帽子给您鞠躬。"

于是，松下幸之助回复道："您刚刚说的这些前提是不能消除过度竞争。而我下定决心要遏制行业间的过度竞争。如果所有人都能有这种觉悟，相信很快就会没有过度竞争了。今天的会议把大家聚集在一起，讨论的主要是如何实现更好的经营。但您从一开始就那么想，又该如何消除过度竞争呢？"

松下幸之助每次都会像这样讲述过度竞争的弊端，并倡导大家要极力遏制这种不良行为。

承认自身过错：
举办热海会谈

　　我对大家说："在经济不景气的情况下，没能给大家进行相应的指导并达到大家的预期，想来都是松下电器的原因。我发自内心向大家道歉。"原本大家都互相指责，说是对方的不对，但是当我说完这句话后，大家开始说："这不只是松下电器的原因。我们每个人都没有尽到应尽的责任。"

　　人们常说人性本善。如果和对方说"是我不好"，那么对方也会说"不，是我不好"。如果你讲理，对方也会讲理。我深有感触，这便是人心。

1964 年，日本面临严重的经济不景气现象。即便是电机行业需求也很低迷，松下电器合作的销售公司以及代理店的经营都深陷窘境。松下幸之助对此忧心忡忡，为了能亲自掌握实际情况，并和大家毫无保留地交换意见，在同年 7 月，他召集了全国销售公司还有代理店等170 多家的负责人，在热海的新富士饭店举行座谈会。

会议一开始，各个社长就纷纷诉说目前的经营困难，也批评了松下电器的产品还有销售对策。

有人说："从父母这一代开始我就一直做松下电器的代理，但是一直是亏损状态，您告诉我该怎么办。"

还有人说："我拿出我所有的财产，以十足的精力卖松下电器的产品，但是并没有赚到钱。"

松下幸之助也随即反驳："出现赤字是大家的公司经营存在问题。大家是不是有点太依赖松下电器了？"

原本计划两天结束的会议即便到了第三天，大家依然没有停止对松下电器的批评。但松下幸之助一直认真倾听每个人说的话，突然他想起了 30 多年前的一件事。

他想到松下电器开始卖灯泡的时候，全国各地的代理商都在努力为他销售。因此，松下电器才得以在短时间内与一流的厂商并驾齐驱，奠定了之后发展的基础。

想到这里，松下幸之助登上讲台讲了一番话："我们说了这么多，还是别讲大道理了。我仔细想了想，其实就是一句话——还是松下电器的不好。我很抱歉，没能很好地照顾到各位。要是没有大家，就没有今天的松下电器。我之后会调整好心态，踏踏实实地经营。"

松下幸之助在说话的过程中百感交集，甚至哽咽。会场上鸦雀无声，很多出席者也都热泪盈眶。

松下幸之助没想到原本舌战群儒的座谈会会以肺腑之言收尾。之后，他给每个出席者一张彩纸，上面是自己用心写的"共存共荣"四个字，最后大家互相发誓要努力奋进，便散会了。

为了行业和社会坚决实行改革：
代理营业部部长

　　当必须要进行公司改革时，如果想着只是为了自己，我是没有任何勇气的。但是，换个角度想，"这次改革是为了公司、员工，更是为了世人，必须执行"，只有这样我才会有巨大的勇气去进行改革。如果内心不坚定，就不会有真正的勇气。

　　世上有勇敢的人，也有怯懦的人，仅靠与生俱来的勇气还不够，那很有可能只是匹夫之勇。要为了集体，从更高的角度来思考应该做的事是什么，这个时候产生的勇气是非常强大的。

〜〜〜〜〜

1964 年 7 月，日本经济出现了严重的不景气。松下幸之助叫来全国合作的销售公司还有代理店的社长，召开热海会谈，可知那时的经营状况比预想中还要严重。

"这样下去，不仅松下电器，就连整个行业的市场都会疲软。"

虽然松下幸之助从社长转为了会长，但他还是有很强的危机感。于是松下幸之助就代替生病了还在疗养中的营业总部长，再次站在第一线，改革销售制度。

改革的一个关键就是将商品的流通合理化，为了坚决执行这一任务，就要得到销售公司、代理店的理解。

松下幸之助召集了大阪 1200 多家销售公司的代表，表明了新制度的核心，希望大家能够一起配合。但是同时也有一些反对意见："有很多销售公司的代表都是从父母那一代就开始合作的，如果换成新制度，就要和松下电器以外的不同的地方做生意。所以我们坚决不同意换新制度。"

松下幸之助反复强调："如果保持现状不变，那么既不能保证大家的利益，也不能构建一个健康的行业环境。"过了三个小时，他问大家："各位，能否同意这次的新制度呢？"也许是因为他的坚持，这次有一半多的人鼓掌表示同意。

松下幸之助尽力再次呼吁大家："如果这次只有一部分人同意新制度，还是做不好工作的。我这么苦口婆心地劝说，如果大家还是坚持自己的意见，那我就失败了。如今，松下电器已经赌上了整个公司的命运。大家也把自己的精力都投入到店铺运营上，我希望大家每个人都能最终同意这项制度。"

于是在松下幸之助又说了一个多小时后，全员赞成，整个会场也掌声雷动。他在对大家表达感激的同时也有了勇气，只要诚心做一件事就一定能做成。

虽然这次会议一开始有很多销售公司反对，有很多困难，但是松下幸之助在鼓励自己的同时，也在一线指挥了一年多。最后在全国范围内都实行新的销售制度，不管是客户的经营还是整个行业的情况都在逐步好转。

不拘泥于形式坚决实行：
撤出大型计算机市场

　　一般都是由最高负责人来判断要不要做一单生意，问题是绝不能优柔寡断。若是犹豫不决，有时尽力了结果又放弃了，这在企业经营上是绝不允许的。尽力之后又放弃，弄不好公司以后很难立足。如此便算不上经营。

　　不管是社会层面还是行业层面，一件事没有未来，或是自己也做不下去，那么这件事就没有太大做的必要。当你得出这样一个结论，就应该尽早不做。绝不能有一点犹豫。也不要觉得会没有面子，或是丢人之类的。

20 世纪 50 年代，日本各个电机企业都想进军大型计算机领域，它们开始积极进行研发。包括松下电器在内的七家公司每家出了 2 亿日元，成立了一个日本电子工业振兴协会，并着手共同研发高性能的计算机。

　　松下电器花了 10 多亿日元多次研发，在 1954 年时成品终于有望投入实际使用。

　　就在这时，松下幸之助有机会和美国大通曼哈顿银行的副社长聊天。当谈到大型计算机时，松下幸之助说日本有七家制造商在努力。副社长听完之后很震惊，并对松下幸之助说："我们向世界各地借了很多钱，但是大型计算机的制造商进行得并不顺利。在美国，除了 IBM，其他制造商形势都不容乐观。日本竟然有七家制造商，也太多了。"

　　其实松下幸之助以前也想过这个问题。在和副社长聊完之后，他又想了很多。

　　既然看到了大型计算机的前景，也都努力到今天了，没有理由不继续做下去。但事实上，在这个时候大家真的都在做这行吗？尤其当松下幸之助听副社长说了他借钱经营的事情，松下幸之助怀疑是不是自己的判断出现了误差。甚至松下幸之助也觉得七家公司未免有些多了。

于是，松下幸之助决定撤出大型计算机的市场。但这个时候公司里有很多人说"现在不做会有巨大的损失""很有可能会失去信誉，让对方认为还没有技术就退出市场"等。

就这样在 1954 年 10 月，松下电器表示停止研发大型计算机。松下幸之助后来回顾这段经历时说："就我个人来说，从国家是否真的需要计算机市场来考虑，其实也没有什么必要，而且我还有很多其他的工作要做，所以我就撤出了计算机市场。也许之后回过头来看，当初的决定并没有错。"

实施在各个方面都留有余裕的经营：
提出"堤坝式经营"

　　老话说得好："有备无患"。其实这句话说得一点也没错，即使在企业经营上也要有种危机感。因此，平日里留有余裕的经营是至关重要的，这样即便企业发生了意外也能轻松应对。

　　我把这种经营模式称为"堤坝式经营"。我在努力实践的同时，也把它推荐给别人。在河上建一个堤坝用于蓄水，从而调节水流，以免浪费水资源，能够将其充分利用。其实经营也是同样的道理，我所谓的"堤坝式经营"就是在企业经营的过程中也要建一个堤坝，然后留有余裕。说到堤坝式经营，我屡试不爽，尤其是在经济不景气或者遭遇瓶颈之时，"堤坝式经营"往往能发挥很大作用。

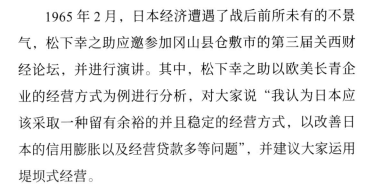

　　1965 年 2 月，日本经济遭遇了战后前所未有的不景气，松下幸之助应邀参加冈山县仓敷市的第三届关西财经论坛，并进行演讲。其中，松下幸之助以欧美长青企业的经营方式为例进行分析，对大家说"我认为日本应该采取一种留有余裕的并且稳定的经营方式，以改善日本的信用膨胀以及经营贷款多等问题"，并建议大家运用堤坝式经营。

　　松下幸之助认为，不管是经营的哪个方面，如设备、资金、人员、库存、技术、计划、产品研发等，用堤坝式的方法，也就是留有适当的余裕，便能不受外部情况的影响，进而实现稳定的发展。以设备为例，平时按照 90% 的产能来生产，即便需求增加，在供应上也不会出现问题。如果需要 10 亿日元的资金，那就准备 11 亿日元或是 12 亿日元以备不时之需。或者，留有适量的库存以便应对激增的需求。即便是产品研发，也要经常准备新的产品。只有这样，才能开辟企业健康经营的道路。

　　在那之后，松下幸之助在很多场合也推荐了这种堤坝式经营方法。有一次，在京都的中小企业经营者的演讲上，松下幸之助演讲结束之后的问答环节中，有个人提出了问题："您可以成功将堤坝式经营用在有余裕的地方，但对于我们来说却很难做到。您能否告诉我们怎样才能'建堤坝'呢？"

松下幸之助回复："我觉得首先得想要用堤坝式经营。"

本来听众们还期待着松下幸之助可以说出一些具体的方法，当听到这个显而易见的回答时，大家不禁笑了起来。只有一个经营者听完之后，倍受感动。

之后，那位经营者取得了成功，他回忆道："如果一个人的想法并不成熟，希望能有捷径，这样无法做好企业的经营。松下老师说，不管能不能做到堤坝式经营，重要的是要有一个实现堤坝式经营的强烈愿望。我听完之后，倍受感动。"

青春是心态的年轻：
邂逅"青春"之诗

青春，取决于一个人的心态，其实无论什么时候都能永葆青春。不管是 80 岁还是 100 岁，只要一直充满信念和希望，拥有勇气，就能不断追求新的事物。有了我这种个人想法和态度，自然就会变得年轻。在某种意义上来说，这便是青春。

青春，并不只是年轻人的特权。反之，生理年龄处于青春期的年轻人有时也会很成熟。以上，就是我的青春观。

1965 年，松下幸之助 70 岁，有人为了庆祝松下幸之助步入古稀之年，为他写了一首诗。这首诗的开头是诗人塞缪尔·乌尔曼写的一句话——青春不是年华，而是心态。

那时，松下幸之助觉得随着年龄的增长，他的身体也开始衰老，同时感觉心态也不再年轻。但他觉得这样下去不行。虽然肉体上年龄的增长不可避免，但不管年纪多大，也不能在精神上丢掉年轻，而且还要继续完成自己的使命。他反复思考应该怎么做，对那首诗产生了共鸣。因此，他提炼了这首诗的要点，并把它作为自己的座右铭：

青春是心态的年轻

充满信念、希望与勇气

只要每天都在继续新的活动

青春永远都在那个人的身上

松下幸之助把这几句有关青春的诗写在了彩纸上，并把它贴在可以随时看见的地方，每天都反复朗读品味。

不久之后，松下幸之助得以和日本电力中央研究所的董事长松永安左工门交谈。松永安左工门已经 90 岁高龄，但他的谈吐并不古板，见识也很广，他说出的每一句话都能看出他平常不断追求并深刻思考的态度。

松永安左工门的身上完美地体现了青春一词，他才是永远年轻的青少年。松下幸之助下定决心自己也要像松永安左工门一样。

1966 年的春天，松下幸之助将那几句关于青春的诗打印出来并裱进画框，之后送给全国各个销售公司和代理店。

由此也可以看出松下幸之助的心意，他希望每个日夜为松下电器销售尽心尽力的客户都能够品读这首诗，同时他也希望这把燃起的青春之火可以越发明亮。

"今年一定是个好年"：

天马行空

"天马行空"这个词的本义是神马在空中奔腾飞驰，形容不受拘束。

每次发生某个问题，整个项目就会进行不下去，这其实是世间的常态。有人认为人生的道路上充满了荆棘，也有人认为一路畅通无阻。如果你认为生活中充满阻碍，那么你接下来的生活便满是阻碍。如果你认为接下来会畅通无阻，那么你就能像我一样走到今天。简单来说，这也是一种心态。

1965 年，日本经济一直不景气。除夕夜，松下幸之助受邀参加东京宝冢剧场的红白歌会并担任评委。他不由得被这个华丽的舞台所吸引，一直给上场的每个歌手鼓掌，就这样不知不觉地，两个小时一晃而过。

评审结束之后，松下幸之助火速离开会场。他不想除夕夜在外面待着，无论如何也得赶上羽田机场 0 时 1 分出发的最后一趟航班。

就当他顺利到达机场，踏上飞机扶梯时，除夕的钟声敲响，宣告着 1965 年结束。在飞机上天的那一刻，新的一年悄然来临。松下幸之助不禁感慨万千。

松下幸之助突然想起来今年是马年，而自己也是属马的，马年出生的自己，在马年即将来临之际，飞在高空。这不就是"天马行空"图吗？如此看来，寓意还是不错的。今年一定是个好年，公司也一定会像"天马行空"一样，一帆风顺。

如此想来，松下幸之助热血沸腾，满是勇气和希望。

松下幸之助在当年举行的经营方针发布会上，说了一番鼓舞员工的话："松下电器今年也会有好运。经济景气还是不景气全凭人的心态，希望我们能够创造出好的思路和工作方式，在精神焕发之后，一切都会好转。"

1966 年 11 月，青铜做的"天马行空"雕像放在松下电器总公司的院子中，并举行了揭幕仪式。这个青铜雕像是全国 282 个销售公司一起送的礼物，主要是为了纪念 1965 年 4 月松下幸之助被授予勋二等旭日重光章。

就在这时，在松下幸之助的直接领导下，新的销售制度也取得成功，一切步入正轨，青铜雕像也被看作一个实现飞跃的代表性事物。

这件事之后，松下幸之助写下"天马行空"四个字，放在自己的房间里。别人看到之后问为什么是这四个字，于是有了本小节开头的内容。

站在对方的角度考虑：
举办创业 50 周年感恩会

做生意这件事，从表面来看，就是卖东西换钱。如果只是这样，企业和自动贩卖机没什么区别。但事实上并不只是表面那样。一个企业应有的经营状态应该是，顾客来买东西所以对顾客怀有感激之情，并把顾客放在首位。

之前的商人常说，要对顾客抱有感激之情。这种情感自然会传达给顾客，同时顾客也对店铺产生依赖。不管在哪里买的东西都一样，但总觉得不在那里买就不好意思。其实商店和顾客都是心灵相通的，进而给整个社会带来利润。

1968 年 5 月，松下电器迎来创业 50 周年。松下电器在这一年款待了顾客，在各地举办了感恩会，这为总公司招揽了 250 家客户。

负责人为了成功举办这次重要的活动，制作了详细的时间表，并小心谨慎地准备整个流程。此外，还认真学习迎宾等礼仪并进行彩排，以迎接那一天的到来。

上了几个石阶之后，负责人发现松下幸之助站在离左侧大门最近的位置，这个是礼节规定的迎宾位置。松下幸之助站了一会儿，突然开始上下石阶，往返了三四次，偶尔还会鞠躬，最后把负责人找来对他说："客人一边上着石阶，可能会一边低头对我说'恭喜您'。这个时候，他们弄不好就会摔倒，甚至会受伤。我还是去石阶下面接他们吧。"

此外，在其他的感恩会上还有一件事。

一开始，松下幸之助带领大家祝酒，接着向来宾打招呼，紧接着由日本著名的舞蹈家上台表演舞蹈。但是由于已经干完杯，大家就一起喝酒。还有些人没有看舞蹈就开始互相交谈。

在聚会结束之后，松下幸之助把相关负责人叫来，并对他说："这次的聚会是失败的。"之后，松下幸之助又提出下一次应该如何做："这样对于那些特意来给松下电器表演的艺术家们是非常不礼貌的。下次要看完舞台表演，再去干杯。"

松下幸之助一直对身边的人怀有感激之情，从不忘记关心照顾对方，以上也只是一个部分。松下电器的员工在一旁亲眼看到松下幸之助的言行后，说道："这一幕把将心比心这种理念变为现实。我觉得这才是松下电器真正的经营心得。"

旨在世界开化的一年：

就任灵山显彰会会长

　　明治维新可以说是日本悠久的历史中的一个大事件。在实现这一伟业的过程中，有很多人都发挥着重要的作用。如果没有这些人，就不可能顺利地完成明治维新。因此，明治维新的仁人志士是值得尊敬的。

　　今天的我们，不妨试着再进行一次维新运动。这次不是像明治维新那样只针对日本的开化，而是范围包括全球。我们必须实现全球现代化。不管是国家、企业，还是每个国民，我们都应该思考这件事。

〰〰〰

1968 年，松下电器迎来创业 50 周年，这一年恰好是明治维新 100 周年。松下幸之助在年初的经营方针发布会上希望每个员工也能够成为像明治维新时期的仁人志士一样的人才。

他说："今年是松下电器创业 50 周年，我们不能局限于日本第一的优秀公司的评价，还有满足于极其先进的技术。明治维新的仁人志士用利刃开辟出近代日本，我们作为昭和维新的仁人志士需要做的是，将我们的能力变得更强，更有效地培养我们的能力，通过近代的经营理念和技术，让全球的共存共荣之花尽情绽放。因此，我希望我们能够有一个态度，要拥有像明治维新的仁人志士般坚定的信念，肩负起如此伟大的使命。"

恰巧在这一年，有人拜托松下幸之助帮忙为明治维新的志士修缮灵地[⊖]。

京都东山的灵山一带供奉着很多为明治维新奉献一生的仁人志士，如坂本龙马、木户孝允等，从明治维新初期开始，日本政府出钱来祭祀亡灵并修缮灵地。但是

⊖ 灵地，一般指仁人志士的诞生地或墓地。——译者注

第二次世界大战后，随着宪法的修订便不能继续供奉，
灵地似乎早已被人们遗忘，甚至被弃之不顾，任由它荒
废。于是有人决定修缮灵地，准备之后一直做下去。

松下幸之助对此也十分赞同，认为这件事非常有意
义。他说："维新的志士可谓是近代日本的恩人，将他们
的灵地弃之不顾，未免太冷漠。另外，我觉得对于现在
还活着的人来说，歌颂伟大先驱的功绩，对他们抱有感
激之情，学习他们的精神等，是建设更好的日本的宝贵
的财产。"他自身也希望能成为一个志士。

同年"灵山显彰会"成立，松下幸之助被推举为灵
山显彰会的第一任会长。"灵山显彰会"修缮了灵地还有
灵地的周边，还建了史迹公园——"维新之路"。此外，
松下幸之助还基于灵山显彰会的宗旨推进了各种文化活
动，如 1970 年 10 月新收藏了维新志士的遗物、史料还
有文献，成立并开放了"灵山历史馆"。

成为下一代的"指向标"：
绘制"科学及工业领域先知"的画像

　　研究所前面有一组先驱们的雕像群，最中间的是爱迪生。爱迪生可以说是一个名副其实的创新人才。他会基于平时的所见所闻来创造新的事物。我们也应该学习爱迪生，用自己的力量创造更多新的事物。

　　大家来到总公司，在进来之前就会看到这组雕像群。在这里人们会回想起爱迪生到底是一个什么样的人。来访的人也许会感受到爱迪生的志向，若还有人没体验过，希望今天可以体验下。

1968 年 12 月，松下电器创业 50 周年，松下电器在中央研究所前的广场建了一组"科学和工业的先驱"的雕像群。

　　最中间的是爱迪生（美国发明家）高 2.4 米的全身像，在旁边还有一些围成圆形的半身像，包括丰田佐吉（日本发明家）、马可尼（意大利发明家）、欧姆（德国物理学家）、佐久间象山（日本兵学家）、平贺源内（日本学者）、法拉第（英国物理学家、化学家）、安培（法国物理学家）、桥本宗吉（日本兰学家）、关孝和（日本数学家）、飞利浦（荷兰企业家）。

　　这些人都为近代科技的发展做出了贡献，松下幸之助希望歌颂这些伟大先驱功绩的同时，也能够继承他们的精神。

　　之所以把爱迪生放在中间，是因为松下幸之助在开始制造灯泡时，一直把电灯的发明者爱迪生的照片放在显眼的地方，这样在纪念爱迪生的同时，也能勉励自己不断研发。

　　松下幸之助一直对爱迪生很尊敬，同时也深受他的影响。尤其是当爱迪生并不被领导者看好的时候，他还是充满着热情，并没有放弃学习，而是把一切事物当成自己学习的工具，并创造了对世人有用的发明。他也因此被世人称为发明大王，并留下丰功伟绩。

在安置雕像群后，松下幸之助写了一段话："众多先驱留下了无尽的功绩，我对此既尊敬又感激，同时我也将继承他们的精神，从各自的立场发奋努力并学习他们，全身心投入世界瞩目的先进技术和科学研发中。在这个意义上来说，我衷心希望这 11 位伟大先驱的雕像群成为下一代年轻人才的指向标。"

本小节开头的内容，是松下幸之助在 1973 年时对技术负责人讲的话。

第 5 章

老骥伏枥，志在千里

考虑到如今国家的现状，我即便上了年纪，也有一种想法，绝不能坐视不管，必须要为国家做些什么。

——松下幸之助

将今天传递给 5000 年后的人们：
埋时间胶囊

据科学家说，地球每天都在发生变化。人类的生活状态也在时刻发生变化。我们无法准确地知道 5000 年后地球会变成什么样，也不知道人类的生活是否会进步。我们只能进行无尽的想象，但想象本身就是制作时间胶囊的一大趣味。不管怎么说，让 5000 年后的人知道我们今天的生活状态还有文化状态具有深远的意义。我关注的是，我们现在的生活状态和文化状态能够以更深远的意义，以更正确的方式传达并留存下去。或许是能作为参考，我们产生了一种喜悦，因为可以让 5000 年后的人知道我们今天的生活状态。

1970 年 3 月到 9 月，大阪府吹田市的千里丘陵举行了日本万国博览会。松下电器以"传统和开发——给 5000 年后的人们"为主题，参加万国博览会。松下电器展览的时间胶囊 EXPO70 广受观众的好评。

这本来是 1968 年为纪念松下电器创业 50 周年的一环，并且是与每日新闻公司合作的计划。这个计划的核心理念是，记录 20 世纪下半叶的人创造了什么文化、提出了哪些设想、在什么样的环境下生活，并将这些留给 5000 年后的人们。

为了完成时间胶囊，松下幸之助除了组织技术委员会、评选委员会，还设立了以技术团队为核心的开发总部。技术委员会的成员是 23 名在日本科技领域的代表性专家学者；评选委员会的成员主要是自然科学、社会还有艺术等领域的著名专家学者，共 27 名。此外，松下幸之助还聚集了众多国内外人才，先是选定物品，然后研发能够将物品保持最初状态 5000 年的储存方法。

松下幸之助主要制作了两个时间胶囊，采用当时的最新技术，往每个里面放入了 2900 件物品。松下幸之助对 5000 年后的人们说的话也用磁带录音放了进去，也就是本小节开头的内容。

万国博览会结束后，这两个时间胶囊被埋在大阪城公园中心的地下 15 米。其中一个胶囊分别在 2000 年和 2100 年打开，可以看到里面的物品在不同时间的变化。另一个是保存到 5000 年之后再打开。

之后，松下幸之助提到时间胶囊，说："存在的历史不应该只在万国博览会这里展出。我们有信心，时间胶囊是一个成功的项目。"

倡导新的人生观：
出版《思考人生：倡导新的人生观》

这本书说的是，人类乃是万物之王，可谓是一种伟大的生物。这种人生观和以往的观念相距甚远。虽然人类是万物之灵，但在传统观念上，人类很弱小，还有很大的欲望，并不是那种崇高的值得尊敬的形象。究竟可不可以用这种方式理解人类的本质，我们对此进行过多次探讨，并得出了一个和传统观念不同的新的人生观。

我在书中写到的人生观是基于自己77年的生活经历，我们现在的生活经历也是基于几百万年前的人们的经历。因此，我认为这适用于大部分人。

1946 年 11 月 3 日，太平洋战争刚刚结束一年，松下幸之助在这样的乱世之中成立了 PHP 研究所，以构建一个精神丰富并真正繁荣的社会为理念，开始了研究和运动。

那时，松下幸之助认为，人类一直追求着繁荣、和平与幸福。PHP 研究的一个基础就是，知道人类本身是什么样的存在，并以此为基础研究人类的本质是什么。这些是至关重要的。

自那以后，松下幸之助用 20 多年的时间进行了与人类相关的研究，经过不断的讨论，最终确定了人生观。此外，为了检验它是否有一定价值，在 1972 年 8 月，松下幸之助出版了一本书，名为《思考人生：倡导新的人生观》。

如果认为人类弱小又愚钝，人们便只能借助外力帮助自己。此外，人们普遍认为，互相争斗是人类的天性。如果这样想，人们很难变得强大，也无法去创造繁荣和平与幸福。

基于这种想法，松下幸之助在书中提到了这样一种人生观，即人类乃是万物之王，可谓是一种伟大的生物。也就是说，人类遵循自然法则，改变自身并利用万物，进而才有了心物合一的真正繁荣。此外，书中还说道，人们应该认识到人类本身被赋予了优秀的本质还有崇高的使命，希望人们在崇高的使命和责任之下，可以集思广益，共同生活。

松下幸之助对人类的理解是肯定的、积极的。当这本书完成的时候，松下幸之助就吐露了心声，他说道："我至今为止思考了很多，也讲了很多，最后想说的都在这里了。也就是说，我自己的核心思想都在这本书里了。"

之后，松下幸之助又对人类进行了深刻的思考，于是 1975 年 2 月他又出版了《思考人生：第一卷》，这本书在《思考人生：倡导新的人生观》的基础上，又加上了"追求人类真正的道路"相关内容，讲的是要发挥人类的本质还有完成自己的使命。

想摸摸自己的头：

辞去会长一职，就任顾问

　　我虽然想过有一天会不做会长，但是还没想好具体要在什么时候不做。如今我正好是 80 岁，还是松下电器创业 55 周年，这个时候应该最合适。

　　回顾我的一生，我脑海中并没有太大的失败。如果说失败，那确实也有很多。我 55 年里可以说一直在失败，但也有很多好事，因此也可以说 55 年里一直在成功。在这 55 年里，我一直在失败中成功，并在成功中失败。

1973 年 7 月 19 日，松下电器迎来创业 55 周年，在董事会上松下幸之助提出辞去会长一职，并就任顾问一职。

在同一天，他召集了公司的骨干员工，再次声明自己要辞去会长一职，并宣布了今后的新制度。之后，他对新一任会长、社长还有董事提出六项要求。松下幸之助对每一项的核心思想都进行了说明，如遵守经营的方针，接管现场业务的只有专务和常务，副社长以上的职位要站在更高的立场上关注经营，要奉公司的每个人为师表等。

最后，松下幸之助说："我在这 55 年里很拼，如今就要离开了，说不舍是假的。这些要求都是我自己想出来的，每当大家看到这六项要求时，就要想到把松下电器建成一个优秀的企业。只有这样，我才不会有任何顾虑，才能开心地离开。"之后，他便走下了讲台。

董事会结束后，松下电器总公司召开了记者见面会，有记者问松下幸之助："请问您现在有什么感受呢？"

松下幸之助回答道："我现在虽然感觉很好，但也五味杂陈。55 年算起来也很长了。在这 55 年里，最重要的是我有个好身体，我才能够顺利完成在现场的工作，说到这点，我还是要感谢我自己。我自己做得还算不错，这个时候突然想摸摸头，安慰自己一下。"

然后，松下幸之助为纪念松下电器创业 55 周年以及自己辞去会长一职，同时也为了感谢社会中每个人的帮助，他给日本各个省份捐赠了 50 亿日元的社会福利对策资金。

抱有忧国之心：
出版《如何拯救行将崩溃的日本》

　　从最近的社会情况来看，再这样下去，我觉得日本将会穷途末路。或者说，我甚至感觉这件事已经显而易见了。

　　如今的政治还有经济已经快走到尽头，如果一直这样下去，恐怕日本的各个领域都会停滞不前。我认为我们现在都面临着这样一个难题。

　　因此，决不能再安于现状。若只是像现在这样纸上谈兵，恐怕每个人都会走到尽头。因此我们无论如何也要打破这种僵局，建立一个更强大的日本。

在 1973 年秋天的第四次中东战争中，阿拉伯各国减少了对外石油供应，并采取了大幅增长石油价格的战略。要知道日本的很多基础产业都依赖石油，这对于日本的经济来说无疑是一个沉重的打击。日本因此陷入了通货膨胀，之后便每况愈下，甚至日本的政府、企业也都持续亏损。1974 年，日本经济在战后呈现负增长。

在这种社会情况时时刻刻都混乱不断的情况下，松下幸之助的危机感也越发强烈，他认为如果不进行彻底的技术改革，日本将会走向衰落。怀着这样的忧国之情，他写了一本书，名为《如何拯救行将崩溃的日本》，该书在 1974 年 12 月出版，本小节开头的话就是书中的前言部分。

松下幸之助在书中指出了日本发生的各种问题，认为原因主要是战后 30 年里的政治、经济、教育还有大家的思维方式存在问题。国家经营理念的欠缺，国民之间的不信任感的提高、自主性及独立性的缺失以及对民主主义的误解等都是出现问题的原因。同时，松下幸之助在书中也提出了自己的具体解决方案，比如他提倡在国民生活的各个方面进行大整改，同时将国家经费削减

20%，指定临时物价稳定法，发行稳定经济的国债以及将大学数量减半等。

在该书出版的第二个月，1975 年 1 月的经营方针发布会上，松下幸之助说："我希望这本书可以卖 150 万本。当然我并不是为了赚钱，只是想让国民知道如今的真相，看了这本书之后，大家的想法多少都会发生一些改变的。"

该书一经出版，就引起了巨大的反响，引起了政界及各阶层人士的共鸣，获得了赞同。此外，这本书也在出版界掀起了一股新的潮流，该书被称为"最具社会意义的一本书"，因此在 1975 年这本书得到了"新风奖"。

在那之后，松下幸之助又相继出版了几本警世之作，如《对处于危机之中的日本的呼吁》《重新审视政治》《日本是否会复活》等。松下幸之助的这些作品为社会敲响了警钟，他不断向世人呈现出国家运营应有的姿态以及指明日本人前进时应该选择的路。

创造经营实体来支撑繁荣：
提拔山下社长

　　每个国民都要做好准备，将 21 世纪的日本打造成一个繁荣的国家。松下电器必定一马当先，以此为前提进行经营。如今的松下电器将努力提高业界水平作为使命。但是，日本还需要更上一层楼，并成为支撑世界繁荣的核心。而日本就要创造一个符合这个核心的经营实体。

　　如此看来，必须有一个人要进行长时间的思考，制订具体的创新方案，完成一系列的工作，将方案付诸实践并取得一定成果。我希望下一任社长能担此重任。

〜〜〜

1977 年 2 月，松下电器发布并实行了新体制，松下正治[⊖]辞去松下电器的社长成为会长。同时由山下俊彦担任新一任社长，此时的山下俊彦已经 57 岁了。山下俊彦在董事中资历排在倒数第二，但松下幸之助还是下定决心将他提拔为社长。

本小节开头的话是松下幸之助在宣布实行新体制时，以顾问的身份对员工们说的话。接下来松下幸之助解释了为什么让山下俊彦做下一任的社长。

"我不知道这样做是不是有点没按套路出牌，也不知道外界会不会有很多批判声。但是，别人怎么说我并不是很在意。我这样决定是出于要站在更高的角度来进行改革，为了有更多的选择，即使是普通员工也没有关系。"

之后，他又进一步鼓励了每个人，对员工说："希望大家能清楚松下电器更大的使命，我们每个人都要成为支撑世界繁荣的一分子，希望大家可以努力、努力再努力。"

―――――――

⊖　松下正治，松下幸之助的女婿，1961 ～ 1977 年 1 月担任松下电器的第二任社长。——译者注这次不同寻常的提拔甚至惊动了媒体，恰好山下俊彦和东京奥林匹克运动会的跳马金牌得主同姓，故此事便更加备受瞩目。

　　山下俊彦就任社长之后的几天，松下幸之助就拿着一块牌匾出现在社长办公室。牌匾上面是松下幸之助亲自提笔写的两个大字——"大忍"，最后还有松下幸之助的署名。松下幸之助把牌匾交给山下俊彦，并对他说："我自己的房间也有一个和这一样的牌匾。希望你看见这个牌匾时，就像看见我一样。"

　　山下俊彦卸任社长之后，回忆起这件事说道："我当时为给企业注入活力实行了很多制度改革，但当时的一部分媒体为博人眼球写出的文章称，如果改革过火了，就会毁了传统的松下经营理念。因此我很感谢，那个时候我从松下幸之助前社长那里收到的牌匾，感谢他对我说的那番话还有对我的照顾。我知道他是担心我被别人说三道四，所以用这种方式鼓励我。我真的很开心。"

"感谢大家"：
创业 60 周年之际表达感谢

现在回过头看看 60 年前松下电器刚成立的时候，只有三个人。微不足道的三个人开始了创业。60 年也不短了，如今的松下电器员工已超过 6 万人，加上销售公司有 15 万人。回想一下，这些人现在都还在松下电器工作，感觉像做梦一样。走到今天真的挺不容易。

60 年里，有经济不景气的时候，也发生了很多事。但是，正是经济的不景气，才让松下电器更加繁荣。从以往的经历中，我们也可以看出，松下电器在经济景气时会繁荣，不景气的时候会更加繁荣。

1978 年，松下电器迎来创业 60 周年。此时的松下幸之助已有 83 岁，他虽然生病静养了一段时间，但在 1 月 10 日的经营方针发布会上，员工仍看到他健朗的身影，还站起来为大家致辞。

　　当时的日本经济的不景气已持续了 5 年之久。松下电器几度遭遇困难，但松下幸之助还是制订新的对策并渡过了难关。他回顾以往走过的路，鼓励大家："这次经济的不景气也许还会持续很久，但即便是不景气的时候，也一定会有好事发生，这次我也希望松下电器能实现长足的发展。"

　　之后，他又说："如果一个人到 60 岁，人生走完了一甲子，又要开启新的一轮。如今的松下电器也要开启新的阶段，15 万人只是一个新的起点。第二个 60 年后，我可能已经不在了，我也不知道大家那个时候还在不在。但是，我依然能想象到松下电器大展宏图的样子。因此，我发自内心感谢大家在这 60 年里对工作的尽心尽力。"

　　话音刚落。松下幸之助突然走下讲台，来到人群前面，低头为大家深深鞠了三个躬，并说"谢谢大家"。

松下幸之助每次缓缓鞠躬时，会场内都会掌声雷动，响彻整个会场。

此外，在 11 月举行的优秀销售店的感恩会上，松下幸之助对奋斗在销售一线的经营者表达了感激之情，他感谢大家长时间以来的支持还有爱戴，正因如此才迎来了松下电器的今天。

松下幸之助出生于 1894 年，也就是 19 世纪末期。松下幸之助仍然充满气魄，对大家说："真希望我的人生能经历三个世纪。21 世纪近在眼前，迎来 21 世纪，我就经历了 19 世纪、20 世纪、21 世纪，一共三个世纪了。"

从长期角度进行国家财政的改革：
提出"无税国家"的构想

在 21 世纪末将日本打造成一个无税国家，22 世纪末将日本打造成一个对既得利益进行分配的国家。从现在开始研究，想要实现也不是没有可能。因此我希望国家可以尝试这个想法。

这样一来，国民的政治意识也会完全发生变化。通过确立一个长期的基本国策，国民对于未来的想法也许会是：原来是这样的，这也太有意思了。那不如先试一试。

从长远角度来看，只要给予国民一定的鼓励与希望，他们就会觉得如今混乱的社会将焕然一新。

〰〰〰

松下幸之助想为日本带来一个更好的社会，在这种想法下，他提出了很多建议，同时也会了解一些政治现状并提出自己的见解。

特别是在 1965 年之后，松下幸之助还提到政治的效率问题。所谓政治就是对国家和社会的经营。虽然国家每天都在经营上付出很多努力，以此来提高产业界的效率，但是在政治领域上的付出还不够多。国家必须要努力让政治变得更有效率，并且保证有很高的效率。松下幸之助还主张，在征税上面也需要想出一个合理的对策。

在那之后，松下幸之助一直都没有停止思考和研究，最终在 1978 年 7 月，也就是松下幸之助 83 岁时，他提出了一个"无税国家"的构想——将日本打造为一个不需要征税的国家。

他说："如今的国家财政实行的是单一年度预算制度，这种制度要在一年之内把预算全部用掉，难免有些浪费。我们应该把这种制度换成另一种制度，既能提高政治的效率，又能在做完应该做的工作后，还能拿出剩余资金并存起来。如此一来，在 100 年后，这将是一笔巨大的财产，光是收获的利息便能支撑国家的运转。这样便能建成一个无税国家，还有对既得利益进行分配的国家，即把利益再次返还给国民。我们必须要从根本上审视如今的行政方式，并进行彻底的改革，但同时我们也要有国民的智慧和努力的加持。只要满足这些，无税国家的构想一定能够实现。"

松下幸之助这一伟大的构想甚至还被媒体报道，可谓备受关注。

之后，松下幸之助迎来自己90岁的生日，他说："如果不改变现状，我们的国家肯定会走向衰败。因此，我们必须要从根本上改变国家的经营还有政治等方式。最后，就是无税国家。其实我之前就说过，当时众说纷纭，也许是因为大家对此并不是太了解。不过，最后也证明了这么做并没有错。"

松下幸之助担心现在的社会还不能结束混乱状态，于是他在无税国家这一构想中找到了一条日本应该走的路，这也是日本的一个理想状态。同时松下幸之助也一直希望这一天能早点到来。

决定培养 21 世纪的人才：
提出"松下政经塾"的构想

　　我认为松下政经塾比我想象中还要成功。因为我一直坚信，它不是靠经营的技术成功的，而是因为顺应时代发展才得以成功的。虽然培养出优秀的学生，但没有国家的命运，也不会成功。只要有国家的命运，就一定会成功。

　　每个国民都相信日本，认为日本是最好的国家，可以为了国家和社会鞠躬尽瘁，但如果没有顺应时代发展，那么一切都无从谈起。如果顺应时代发展，那些对于国家来说很重要的事就一定会成功，如果这样想就不需要担心了。

松下幸之助自 1946 年成立 PHP 研究所以来，一直认为如果社会不能变好，那么人们也不会幸福。因此，他对社会发展和政治提出了很多建议。尤其是在 1961 年，他卸任松下电器的社长一职，借此重新进行 PHP 的研究之后，他积极提倡并向世人提出一个在 21 世纪实现理想社会的方法和途径。

1966 年，松下幸之助召开了"新政治经济研究会"的会议，参会人员是与他一起开展 PHP 研究的实业家、原来的大学校长以及研究会的负责人等。在会上，松下幸之助突然提出了自己的建议，他认为今后的日本社会若一直保持现状，将会穷途末路，因此他想成立一个专门的机构，以培养下一任人才。

但是出席者的态度都很冷淡，甚至没有一个人赞同他，他们表示松下幸之助专心搞经营就好了。现在突然搞政治，他将会失去原有的名声。之后，那些他征求过意见的人还一直劝告他，说了"目前和政治沾边的实业家都失败了""这对你来说有害无利，你还是收手吧"等话。

因此，松下幸之助就放弃了这个计划，后来他还是担心之后的日本社会的发展会越来越差，并且这种心情越发抑制不住。

1978 年 9 月，松下幸之助再次提出成立"松下政经塾"的构想，这次他为了实现构想开始了具体的行动。那些之前反对他的人也都纷纷鼓励他："现在时代变了。你既然决定了，就大干一场吧。我这次举双手赞成。"

提出这个想法的 20 年后，松下幸之助还是一直坚信，要想日本真正变得很好，就必须要有优秀的政治家还有各界领导者。

他说："我虽然跌倒过，但是那个想法从未消失。"

以"自修自得"为基本方针：

创办"松下政经塾"

　　大家读了大学之后都学到了相应的专业知识，但是今后需要思考的是，如何将知识运用到实际当中。为此，就要有一个坚定的信念。在政经塾里，大家的任务就是培养自己坚定的信念，将专业知识应用到实际当中。大家通过研修之后要做到这些。

　　此外，可以去街头说服别人，为将来走入社会做各种准备，也就是说要在方方面面培养自己的见识。虽然不能说从政经塾毕业之后，马上就能去做文部大臣。但一定要培养这种见识，一定能做到的。

松下幸之助担心日本将一片混乱，于是在 1978 年 9 月，他再次提出了成立"松下政经塾"的构想，旨在培养优秀的人才，这一构想一时间引起了大家的广泛关注。松下幸之助对此投入了 79 亿日元的个人资产，之后为了创办松下政经塾，又开始了一系列的具体活动。

全国共有 970 人想报名进入松下政经塾。之后进行了三次选拔考试，甚至松下幸之助也亲自面试，最后选出了松下政经塾的第一批学生，共 23 人。松下政经塾旨在探索 21 世纪为了实现松下幸之助理想中的日本的基本理念，为此培养一批领导人，能将此付诸实施。1979 年 6 月，松下幸之助在神奈川县的茅崎市成立了财团法人[○]——松下政经塾，1980 年 4 月正式开学。

本小节开头的话就是在入塾仪式上，身为理事长兼塾长的松下幸之助对刚进松下政经塾的学生们说的话。

松下政经塾中进修的基本方针为"自修自得"，即自己提问、研究，之后自己理解体会，而非等着从别人那里学到知识。

　○　现为公益社团法人。

松下幸之助对此解释道："我们这里会教给大家也会让大家学到政治学和经营学的知识，但是我们不会教并且大家也学不到能够拿来就用的政治还有经营上的知识。因此，我希望我们提供了这个平台，大家可以自己去思考政治还有经营的技巧，并自己领会。也就是说要独立思考，并自己领会。通过不断积累，一定能成为一个优秀的领导者。若是不能做到自修自得，便会被淘汰掉。"

　　松下幸之助当时已经 85 岁了，说道："我心里想的是无论如何也要把松下政经塾办好，同时也希望能够把日本打造得更好。我的这种想法和热情绝不能输给塾里的年轻学生们。"他每个月都会去一次松下政经塾，并热心地给学生们讲自己的想法、经历，还有人生观及社会观等，并和学生进行互动。

　　时至今日，松下政经塾已经培养了很多政治家、企业的经营者还有研究者等，他们也都分别在各自的领域大展宏图。

希望再一次为了日本工作：
登上 PHP 论坛

日本的经济已经接近崩溃的边缘，如果再这样下去，必将走向崩溃。不仅个人的经济会崩溃，国家的经济也会崩溃。如今我们面临的局面不容乐观。

因此，必须要在 PHP 的立场上思考，而我也需要思考一下。虽是这么说，但是我将满 88 岁了。声音发不怎么出来，腿脚也不怎么利索，这时深刻体会到年老是多么落寞。

考虑到如今国家的现状，我即便上了年纪，也有一种想法，绝不能坐视不管，必须要为国家做些什么。

1982 年 11 月 26 日，松下幸之助和众多有识之士举办了第一届"PHP 京都会议"[○]，此次会议旨在和大家一起思考 21 世纪日本的长期愿景。松下幸之助则作为主持人来致辞，而第二天恰巧是松下幸之助的 88 岁生日。

　　即便松下幸之助那时嗓子不舒服，但他还是登上讲台，讲述了日本的未来将面对一场不同寻常的危机。讲话的内容就是本小节开头的话，之后他又说了以下的话。

　　"大阪有一家叫'大和屋'的茶馆。我昨天晚上和四个好朋友在那里一起吃了饭。朋友劝我喝一杯，虽然我不怎么喝酒，但还是喝了一杯。之后也唱了歌，按理说心情应该是不错的，但是我还是有些心不在焉，不知为何有种落寞感。要是放在平常，应该会愉快地喝一杯，度过开心的时光，但是昨天不知道为什么就是有点落寞。

　　"我一想到'日本就要这样下去吗，这样真的可以吗，到底还会不会好起来'，情绪就不自觉地有些低落。我这个年纪也没什么低落的余地了，大家都劝我做点开心的事，或者是让我想想、说说开心的事来分散一下注

　　○　第二年改名为 PHP 京都研讨会，之后改名为 PHP 研讨会。

意力，但这并没有消除我内心的不安。

"今天我想就'今后的日本应该如何存在'这一主题，听听大家的意见。我此时特别想年轻 20 岁，然后听完大家的意见，再为日本工作一次。"

松下幸之助是真心担忧日本的未来，他甚至还想再一次为日本鞠躬尽瘁，以建设一个更好的日本。与会人员也都对松下幸之助这番讲话感动不已。

PHP 研讨会在那之后直至 2008 年，每年秋天都会召开，每次都是同一个主题——"日本的宏伟设计"，探讨日本应该有的姿态以及应该走的道路，国内外很多顶尖的有识之士还有企业人员都曾参与。

为了国际社会的和平与发展：
创立"日本国际奖"

　　我毕生的愿望就是人类的和平与繁荣。令人开心的是，日本设立了一个"日本国际奖"，它的理念与我的愿望刚好吻合。这个奖项或许会对国际社会的和平与发展做出一定的贡献。

　　现代科技的进步可谓是突飞猛进。可以说，没有现代科技的进步，就没有如今人类的伟大文明。但是，现在仍然有很多问题亟待解决，越来越需要大家一起集思广益。

　　在这种情况下，我认为日本应该站在国际的立场上，对那些在科技领域为人类的和平与繁荣做出重大贡献的人们，进行功绩的表彰。这些在我看来意义非凡。

1981 年，当时中山太郎是铃木善幸内阁的成员，同时作为总理府国务大臣，他提出了一个构想："为回馈国际社会，要不要在日本设立一个堪比诺贝尔奖的世界级奖项？"松下幸之助对此十分赞同，于是主动接下这个任务，并提供了基金。"日本国际奖"的对象主要是那些在科技领域取得优秀成绩的人。在 1982 年 11 月，松下幸之助为设立"日本国际奖"，成立了"日本国际奖准备财团" [⊖]，松下幸之助则作为第一任财团的会长。

之后，在 1983 年 10 月，政府正式决定创立"日本国际奖"。每年的日本国际奖主要颁发给全球的科技人员，尤其是那些取得独创性还有飞跃性成果，并为人类的和平与幸福做出巨大贡献的科技人员们。获奖者除奖状和奖牌以外，还会收到 5000 万日元的奖金。

首届获奖者有美国的斯坦福大学的皮尔斯博士，还有以色列特拉维夫大学的卡齐尔博士。1985 年 4 月，在东京的国际剧场举行了颁奖仪式。那时，松下幸之助虽然已有 90 多岁，但还是出席了这次仪式。他登上

⊖　1982 年 5 月，更名为国家科学技术财团。

讲台为获奖者颁奖，并亲手把奖状、奖牌和奖金颁给他们。

之后，"日本国际奖"便成为世界权威的奖项。横田喜三郎作为财团的第一任理事长兼最高法院首席大法官，表示："值得一提的是，这个奖被命名为'松下奖'。这种奖基本都是以出资者的名字来命名的，于是，很多时候都会给人一种自我炫耀的感觉。但松下幸之助绝对不是。这个奖促进了科技的进步，并为人类的繁荣、幸福还有世界的和平、稳定做出了巨大贡献，这和松下幸之助的做法很是一样。"

财团如今还围绕设立的宗旨开展了各种活动，比如举办以普通人为对象的科技研讨会，还支援并帮助培养年轻的科技人员。

松下幸之助晚年时想尽力为社会做贡献，还主动给有社会意义的企业和财团捐款并进行一定的合作。

虽然还对世间有所留恋：
但已逝去

　　万物都是生长发展的。万物都在变化，这是不可抗拒的铁律。不管我们如何思考，都是无法改变的。脸上长出了皱纹，其实就是有了昨天没有的东西，这其实也是一种发展。而万物发展之后便是死亡，死亡也是另一种发展。

　　从我们每个人的情感来看，不管是离开自己的至亲，还是离开自己的朋友，都是件令人伤心的事。但是，先不说人的感情，从事物的真正逻辑来看，有生就有死，死也是生长发展的，这就是完成了生长发展的一个阶段。简单来说，这是值得庆祝的事。这便是万物流转的法则，这便是进化的过程。

1989 年 1 月 7 日昭和天皇逝世，日本由此进入了平成时代；4 月 27 日上午 10 时 6 分，松下幸之助与世长辞，结束了他 94 年 5 个月的一生。

　　在这一天，报纸也刊登了松下幸之助逝世的消息，第二天，各大媒体也争相报道。

　　4 月 29 日夜到 30 日早上，在大阪市的西本愿寺的津村分寺举行了松下幸之助的守灵夜。前来吊唁的人一共有 12 000 人，等着为松下幸之助上香的人排成一列，队伍长度足有 1000 米。

　　5 月 25 日，在大阪府枚方市的松下电器体育馆，松下电器的各个公司一起为松下幸之助举行了葬礼。葬礼之后便是告别仪式，诵经之后由时任总理大臣竹下登和时任美国总统布什代读悼词，由各个行业的代表发表悼词或致唁电，由亲人为他烧香。

　　即便下着雨，来此献花的人还是源源不断，仪式比预计时间延长了一个多小时。总共有 2 万人参加，来自全世界的唁电达 11 000 多通，这次葬礼和告别仪式对于一名企业家来说声势浩大。

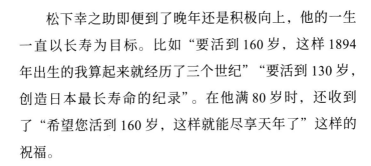

松下幸之助即便到了晚年还是积极向上，他的一生一直以长寿为目标。比如"要活到 160 岁，这样 1894 年出生的我算起来就经历了三个世纪""要活到 130 岁，创造日本最长寿命的纪录"。在他满 80 岁时，还收到了"希望您活到 160 岁，这样就能尽享天年了"这样的祝福。

正如在本小节开头所说的那样，松下幸之助认为死是生长与发展的一种形式，是进化的过程。因此，松下幸之助对生命如此执着并不是害怕死亡。

松下幸之助时时刻刻都在关心着误入迷途的社会，他想着再这样下去，日本还有世界将何去何从。他想着自己要为世人做的事还有很多，因此他还不能这样离开。

也许有人会认为松下幸之助 94 年的生命算得上是寿终正寝。在某种意义上来说，他还对世间有所留恋，只不过是开启了另一段旅程。

松下幸之助年谱

年份	年龄	事件
1894 年	出生	11 月 27 日出生于和歌山县海草郡和佐村，是松下政楠和松下德枝最小的孩子
1899 年	4	父亲松下政楠因大米投资失败破产，松下家移居和歌山市区
1904 年	9	4 年级时从小学退学。只身前往大阪，在宫田火盆店当学徒
1905 年	10	进入五代自行车店
1906 年	11	父亲松下政楠病故
1910 年	15	作为内线员实习生进入大阪电灯公司
1912 年	16	升职为最年轻的工程负责人
1913 年	18	母亲松下德枝病故
1915 年	20	与井植梅之（19 岁）结婚
1917 年	22	升职为最年轻的检查员
		离开大阪电灯公司，在大阪的猪饲野开始着手制造和销售插座
1918 年	23	3 月 7 日，在大阪市北区设立松下电气器
		开始制造销售（连接）插头、两用插销式的插头
1923 年	28	着手设计并制造炮弹型电池式自行车灯
1925 年	30	被推选参加大阪协作区议会的议员选举并成为候选人，以第二名当选
1927 年	32	首次给角型灯贴商标并发售
1929 年	34	公司更名为松下电器制作所，制定了纲领和信条，明确松下电器的基本方针
1929 年	34	世界经济危机，公司改为上半天班，生产计划减半，工资全额支付，不裁掉一人，摆脱危机

（续）

年份	年龄	事件
1931 年	36	在东京中央广播局的收音机比赛中获得特等奖
		开始独立生产干电池
1932 年	37	将 5 月 5 日定为创业纪念日，举行第一届创业纪念仪式，表明产业人的真正使命，将这一年定为命知元年
1933 年	38	实施事业部制
		召开早会、晚会
		总公司和工厂搬迁至大阪市东北部的河内郡门真地区
		制定"松下电器应遵循精神"
1934 年	39	开设店员培训机构，就任所长
1935 年	40	将松下电器改组为股份有限公司，变为松下电器产业股份有限公司，同时实施分公司制，成立 9 个分公司
1940 年	45	首次举办年初的经营方针发表会（之后每年都举行）
1943 年	48	松下电器被军队命令生产军需品，设立松下造船有限公司、松下飞机有限公司
1945 年	50	战争结束的次日，召集公司干部宣布为民用产业和日本复兴做出贡献
		8 月 20 日，发布了主题为"致松下电器全体员工"的通告，提出要有面对困局的觉悟
1946 年	51	松下电器被驻日盟军最高司令官总司令部指定为财阀家族，松下幸之助开除公职（1946 年 3 月～1948 年 2 月）
		全国代理商、松下产业的工会发起免除松下幸之助开除公职的请愿运动
		11 月 3 日，设立 PHP 研究所，就任所长
1949 年	54	为了公司重建的合理化，提出自愿提前退休的决策
		负债 10 亿日元，被报道称为"欠税大王"

（续）

年份	年龄	事件
1950 年	55	解除各种限制使得情况好转，摆脱经营危机
		举办紧急经营方针发布会，宣布全力进行公司重建，"松下电器在暴风雨中重建"
1951 年	56	在年初的经营方针发布会上，宣布"松下电器从今天开始要再次营业"
		首次前往美国学习
1952 年	57	与荷兰的飞利浦公司进行技术合作
1961 年	66	卸任社长，就任会长
1962 年	67	登上美国《时代》周刊的封面
1964 年	69	在热海举办"全国销售公司代理店店长恳谈会"（被称为"热海会谈"）
1968 年	73	举行创业 50 周年纪念活动
1972 年	77	撰写并出版《思考人生：倡导新的人生观》
1973 年	78	辞去会长一职，就任顾问
1979 年	84	设立松下政经塾，就任理事长兼塾长
1981 年	86	荣获一等功勋旭日大绶章
1982 年	87	就任大阪 21 世纪协会会长
1983 年	88	设立国际科学技术财团并就任会长
1987 年	92	荣获一等功勋旭日桐花大绶章
1988 年	93	成立松下国际财团，就任会长
1989 年	94	4 月 27 日上午 10 点 6 分去世